新形势下增加农民收入研究

常艳花　著

中国矿业大学出版社
·徐州·

内容提要

本书在阐述我国农民收入现状、改革开放以来农民收入增长历程的基础上，从城镇化进程、农业现代化发展、农业产业化、农村公共产品供给以及农地制度等视角，分析了其现状及存在的问题，并提出了具体的解决路径与建议。最后对美国、欧盟和日本促进农民增收的农业支持政策进行了研究，以期为我国制定有效促进农民增收的政策提供启示和借鉴。

图书在版编目（CIP）数据

新形势下增加农民收入研究 / 常艳花著. -- 徐州 : 中国矿业大学出版社, 2018.11

ISBN 978-7-5646-4259-4

Ⅰ. ①新… Ⅱ. ①常… Ⅲ. ①农民收入—收入增长—研究—中国 Ⅳ. ①F323.8

中国版本图书馆CIP数据核字(2018)第277266号

书　　名　新形势下增加农民收入研究

著　　者　常艳花

责任编辑　何　戈

出版发行　中国矿业大学出版社有限责任公司

（江苏省徐州市解放南路　邮编221008）

营销热线　（0516）83884103　83885105

出版服务　（0516）83995789　83884920

网　　址　http://www.cumtp.com　E-mail: cumtpvip@cumtp.com

印　　刷　江苏凤凰数码印务有限公司

开　　本　787 mm×1092 mm　1/16　**印张** 9.75　**字数** 200 千字

版次印次　2018年11月第1版　2018年11月第1次印刷

定　　价　36.00元

前　言

改革开放40年来，我国农业和农村的发展取得了显著成就，农民收入不断增长。但无论是与发达国家的农业生产者相比，还是与我国的城镇居民相比，我国农民收入都显得水平较低、增长滞缓，且城乡之间、地区之间以及农民内部收入均存在较大差距，而且有继续加大的趋势。这不仅影响我国城乡经济的协调发展，还有可能影响到整个社会的和谐发展。

为此，本书以改革开放至今我国农民收入增长演变历程为切入点，以马克思列宁主义、毛泽东思想以及中国特色社会主义理论体系中关于改善农民生活、促进农民增收的理论为基础，以计算机软件为辅助手段，综合相关政策法规及统计年鉴，深入分析我国农民收入增长及其差异，提出了促进农民增收和缩小收入差异的政策建议。

具体来说，本书首先以我国农民收入的现状、改革开放以来农民收入增长的历程为基础，从城镇化进程、农业现代化发展、农业产业化、农村公共产品供给以及农地制度等视角，分析了其现状及存在的问题，并提出了具体的解决路径与建议。然后对美国、欧盟和日本促进农民增收的农业支持政策进行研究，以期为我国制定有效促进农民增收的政策提供启示和借鉴。

尽管作者本着严谨的治学态度和高度的工作热情撰写本书，但书中仍可能存在某些不足，敬请广大读者批评指正。

作　者

2017年5月

目　录

第一章　绪　论

第一节　农民与农民收入的内涵

一、农民

在发达国家，“农民”一词指的是经营农场的人，是一个职业概念，和工人、商人没有区别，只是职业不同而已。而在许多发展中国家，“农民”一词不仅仅是一种职业概念，还带有一种身份的象征，而且后者比前者更为突出。社会学家及“三农”问题评论家艾君认为，学术界最为常用的“农民”的界定方法就是从职业的角度来进行界定，即凡是从事农业生产的人就是农民，不从事农业生产的人就不是农民。目前，我国在法律上确认“农民”的唯一标准是户籍标准。1958年1月《中华人民共和国户口登记条例》正式实施以后，我国形成了农村户口和城市户口“二元结构”的户籍管理体制：凡是具有城镇户口的居民（不管他从事何种职业）就是城镇居民；凡是具有农村户口的居民（不管他从事何种职业）就是农村居民，即农民。本书研究的农民是以户籍为标准定义的农民。

二、农民收入

我国农民收入按照计算的方法可分为总收入和纯收入，按照收入的来源可分为工资性收入、家庭经营性收入、财产性收入和转移性收入。根据国家统计局的规定，各种收入的具体定义如下：

（一）总收入

总收入是指农村住户成员当年从各种来源渠道得到的收入总和。它没有扣除期内所发生的费用。

（二）纯收入

纯收入是指农村住户成员当年从各种收入来源得到的总收入中扣除家庭经营费用支出、税费支出、生产性固定资产折旧以及农村内部亲友赠送后的收入总和。农民人均纯收入是按人口平均的纯收入水平，反映的是一个国家或地区农民的平均收入水平。

（三）工资性收入

工资性收入是指农村住户成员受雇于单位或个人，依靠出卖劳动而获得的收入，也称为劳动报酬。

（四）家庭经营性收入

家庭经营性收入是指农村住户以家庭为生产经营单位进行生产筹划和管理而获得的收入。农村住户家庭经营活动按行业划分为农业、林业、牧业、渔业、工业、建筑业、交通运输业、邮电业、批发和零售贸易餐饮业、社会服务业、文教卫生业和其他家庭经营。

（五）财产性收入

财产性收入指农村住户将自己的金融资产或有形非生产性资产提供给其他机构单位供其支配，作为回报而从中获得的收入。

（六）转移性收入

转移性收入是指农村住户和住户成员无须付出任何对应物而获得的货物、服务、资金或资产所有权等，不包括无偿提供的用于固定资本形成的资金。一般情况下是指农村住户在二次分配中的所有收入。包括在外人口寄回和带回、农村外部亲友赠送、救济金、保险赔偿收入、退休金、土地征用补偿收入等。

由上述有关农民各种收入的定义可以看出，总收入反映的是农民一年的总收益，而纯收入反映的是农民一年的净收益。因此，农民的纯收入更能反映其家庭的购买能力以及扩大再生产的能力。基于以上考虑，本书关于农民收入的研究，如无特别注明，都表示的是农民人均纯收入。

第二节　新常态下我国农民收入分析

一、我国农民收入现状

改革开放以来，我国农民收入水平有了较大提高，尤其是近年来，农村居民收入增长幅度非常可观。统计数据显示，我国2000年农村居民家庭人均纯收入为2 253.4元，到2015年已达10 772.0元，农村居民人均纯收入增长了8 518.6元（见图1-1）。我国农民收入的大幅度增长离不开我国对农业以及“三农”问题的重视和关注，同时也是我国推行农业现代化以来的成果体现。无论是农业科技投入、人力资本投入、农业设施装备等投入水平的提高，还是农业支持保障力度的加大，以及可持续农业的建设，均对农民增收有重要的推动作用。

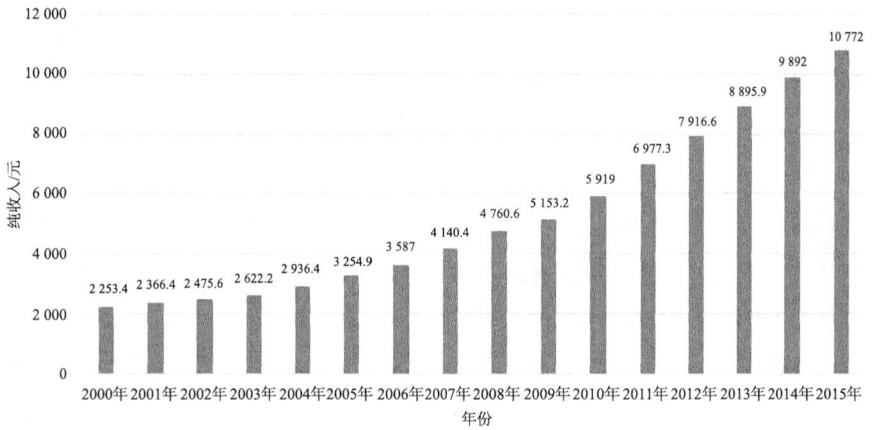

图1-1　2000～2015年我国农村居民家庭人均纯收入

数据来源：《中国统计年鉴2016》。

我国农民收入迅速增长的同时，城乡居民收入差距仍然不能小觑。虽然农民收入在改革开放以来呈现稳定有序的增长趋势，但与此同时，城镇居民收入也以较高的增长幅度不断增加，这使得在农民收入迅速增长的同时城乡居民收入差距仍然较大。城乡居民收入差距始终是全面建设小康社会要解决的关键问题，当农民收入在不断增加的同时，不能忽略城乡居民收入差距的变化。从我国城乡居民实际收入比变化趋势可以看出，自2000年以来，城乡居民收入差距呈现明显的增长趋势，在2007~2009年达到3.33倍左右，此后呈现逐渐下降的趋势，从2009年的3.33倍下降到2015年的2.95倍（见图1-2）。虽然差距在不断缩小，且最近几年下降趋势较为明显，基本回到2001年的水平，但是城乡居民收入差距仍然较大，因此，农民增收是一个长期工程，仍然需要在未来建设中国特色新型农业现代化道路中继续努力。

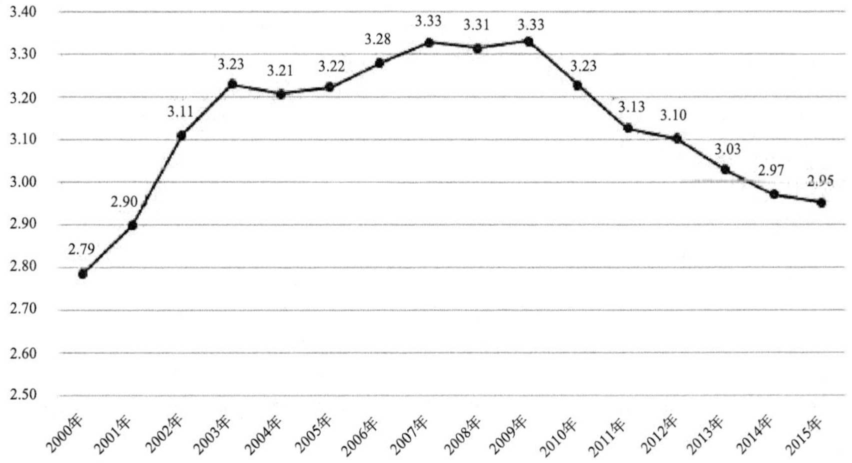

图1-2　2000~2015年我国城乡居民实际收入比变化趋势图

为了对我国地区间农村居民收入差距有一个全面的认知，表1-1列出了我国30个省级行政区2000~2015年的农村居民纯收入，从该表中可以看出我国各省级行政区之间农村居民人均纯收入差距十分显著。以2015年为例，我国农村居民人均纯收入最高的五个省（区、市），为上海、浙江、北京、天津、江苏，分别达到了23 205元、21 125元、20 569元、18 482元、12 201.95元，而我国农村居民人均纯收入最低的五个省（区、市），分别为甘肃、贵州、青海、云南、陕西，分别为6 936元、7 387元、7 933元、8 242元、8 689元；上海市的农村居民人均纯收入和甘肃省农村居民人均纯收入的比例更是达到了3.35倍之多。

表1-1 2000~2012年我国30个省（区、市）农村居民人均纯收入（单位：元）

地区	2000年	2005年	2006年	2007年	2008年	2009年	2010年	2011年	2012年	2013年	2014年	2015年
北京	4 605	7 346	8 275	9 440	10 662	11 669	13 262	14 736	16 476	17 101	18 867	20 569
天津	3 622	5 580	6 228	7 010	7 911	8 688	10 075	12 321	14 026	15 353	17 014	18 482
河北	2 479	3 482	3 802	4 293	4 795	5 150	5 958	7 120	8 081	9 188	10 186	11 051
山西	1 906	2 891	3 181	3 666	4 097	4 244	4 736	5 601	6 357	7 950	8 809	9 454
内蒙古	2 038	2 989	3 342	3 953	4 656	4 938	5 530	6 642	7 611	8 985	9 976	10 776
辽宁	2 356	3 690	4 090	4 773	5 576	5 958	6 908	8 297	9 384	10 161	11 192	12 057
吉林	2 023	3 264	3 641	4 191	4 933	5 266	6 237	7 510	8 598	9 781	10 780	11 326
黑龙江	2 148	3 221	3 552	4 132	4 856	5 207	6 211	7 591	8 604	9 369	10 453	11 095
上海	5 596	8 248	9 139	10 145	11 440	12 483	13 978	16 054	17 804	19 208	21 192	23 205
江苏	3 595	5 276	5 813	6 561	7 356	8 004	9 118	10 805	12 202	13 521	14 958	16 257
浙江	4 254	6 660	7 335	8 265	9 258	10 007	11 303	13 071	14 552	17 494	19 373	21 125
安徽	1 935	2 641	2 969	3 556	4 202	4 504	5 285	6 232	7 160	8 850	9 916	10 821
福建	3 230	4 450	4 835	5 467	6 196	6 680	7 427	8 779	9 967	11 405	12 650	13 793
江西	2 135	3 129	3 460	4 045	4 697	5 075	5 789	6 892	7 829	9 089	10 117	11 139
山东	2 659	3 931	4 368	4 985	5 641	6 119	6 990	8 342	9 447	10 687	11 882	12 930
河南	1 986	2 871	3 261	3 852	4 454	4 807	5 524	6 604	7 525	8 969	9 966	10 853
湖北	2 269	3 099	3 419	3 997	4 656	5 035	5 832	6 898	7 852	9 692	10 849	11 844
湖南	2 197	3 118	3 390	3 904	4 512	4 909	5 622	6 567	7 440	9 029	10 060	10 993
广东	3 654	4 690	5 080	5 624	6 400	6 907	7 890	9 372	10 543	11 068	12 246	13 360
广西	1 865	2 495	2 770	3 224	3 690	3 980	4 543	5 231	6 008	7 793	8 683	9 467
海南	2 182	3 004	3 256	3 791	4 390	4 744	5 275	6 446	7 408	8 802	9 913	10 858
重庆	1 892	2 809	2 874	3 509	4 126	4 478	5 277	6 480	7 383	8 493	9 490	10 505
四川	1 904	2 803	3 002	3 547	4 121	4 462	5 087	6 129	7 001	8 381	9 348	10 247
贵州	1 374	1 877	1 985	2 374	2 797	3 005	3 472	4 145	4 753	5 898	6 671	7 387
云南	1 479	2 042	2 250	2 634	3 103	3 369	3 952	4 722	5 417	6 724	7 456	8 242
陕西	1 444	2 053	2 260	2 645	3 136	3 438	4 105	5 028	5 763	7 092	7 932	8 689
甘肃	1 429	1 980	2 134	2 329	2 724	2 980	3 425	3 909	4 507	5 589	6 277	6 936
青海	1 490	2 151	2 358	2 684	3 061	3 346	3 863	4 608	5 364	6 462	7 283	7 933
宁夏	1 724	2 509	2 760	3 181	3 681	4 048	4 675	5 410	6 180	7 599	8 410	9 119
新疆	1 618	2 482	2 737	3 183	3 503	3 883	4 643	5 442	6 394	7 847	8 724	9 425

注：相关数据均来源于我国历年的《中国统计年鉴》，限于文章篇幅，对部分数据进行了取舍。

同时，根据表1-1也可以发现，截至2015年，农村居民人均纯收入前五的上海、浙江、北京、天津、江苏均为东部省市，农村居民人均纯收入居于后五位的甘肃、贵州、青海、云南、陕西均为西部省份。

为了更直观地分析我国区域间农村居民人均纯收入差距，本书将依据国家统计局2011年6月公布的最新经济区域划分，对我国四大区域的农村居民人均纯收入进行直观的比较分析（见图1-3）。

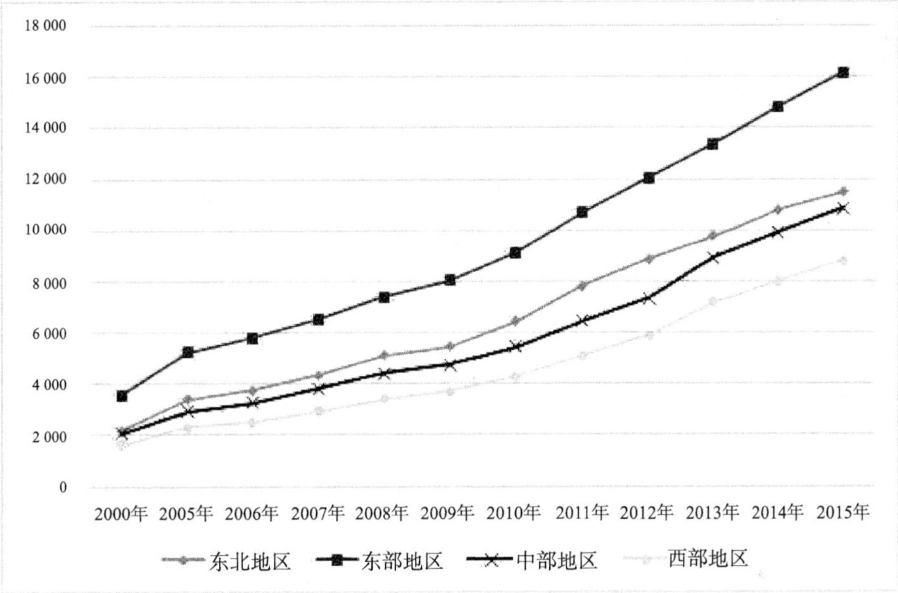

图1-3　2000~2015年我国四大区域农民人均纯收入（元）变化趋势图

由图1-3可以看出，我国农村居民人均纯收入的高低和所在的经济区域具有很强的相关性。东部地区大多数为沿海经济发达省市，为我国改革开放最早的地区，基础设施建设良好，交通十分便利，较早地享受到了我国吸引外商投资等各项产业、税收优惠政策，该区域省市工业化、现代化程度均较高，农村居民人均纯收入遥遥领先于其他区域；东北地区为我国十分重要的工业基地，坐拥中国最大的平原，资源丰富，有良好的重工业和农业基础，农业现代化水平也较高，农村居民人均纯收入仅次于东部地区，高于中西部地区；中部地区为我国的人口大区和经济发展的腹地，经济实力和工业化现代化水平和东部、东北地区存在一定差异，在农村居民人均纯收入上有一定程度上的反映；西部地区除了个别省市，大多数地区为边疆或者少数民族集聚地，经济和工业基础薄弱，农业现代化水平也较低。因此，综合以上分析，可以发现我国农村居民人均纯收入的高低和所在地的经济发展水平、工业化程度、农业现代化程度等因素有很强的相关性，为后文的实证分析提供了良好的支持。

二、新常态对农民收入结构的影响

当前，我国经济步入新常态，农业发展的外部环境、内在条件发生了深刻变化，农民增收越来越受到国民经济和全球一体化发展的深刻影响，持续增收有机遇，但也面临着压力和挑战。2015年中央一号文件提出：中国要富，农民必须富。主动适应经济发展新常态……在促进农民增收上获得新成效。

农民收入由家庭经营收入、工资性收入、转移性收入和财产性收入构成。新常态下农业和农村经济的变化，对农民收入影响也主要表现在以下四个方面。

一是家庭经营收入保持平稳。一方面，土地流转和新型经营主体的发育，以及节本降耗等技术的应用，将有利于家庭经营收入的增长，由此带来规模化产生的规模收入、结构调整产生的效益收入、成本降低而增加的收入等；另一方面，随着新常态下经济增速回落到中高速增长区间，农产品市场需求走弱，价格对农民收入的拉动作用有所减弱。受成本“地板”和价格“天花板”的双重挤压，农户务农种粮收益有限，比较效益较低的问题仍比较突出。

二是工资性收入增幅趋缓。新常态下，农民务工数量增长的速度在减缓，工资增长的幅度在下调。从数量增长来看，2011~2014年，农民工外出数量分别增长了1 055万、983万、633万和501万，增幅逐年下降；从工资增幅来看，近几年增幅下降表现得更为明显，2012和2013年工资性收入名义增长分别为16.3%和16.8%、2014年仅增长9.8%。今后，随着农业剩余劳动力转移速度进一步放缓，在经济增速放缓、结构调整和产业转移等多重因素的影响下，农民工就业和工资水平增长也将受到一定影响。

三是转移性收入增长面临挑战。2004~2013年，农村居民获得的转移性收入从96.8元增加到784.3元，占农民收入的比重从3.7%上升到8.8%，对带动人均纯收入增速上升发挥了重要作用。但也要看到，在经济新常态下，国民经济增速特别是财政收入增速有所放缓，在这种背景下，继续以直接补贴等形式增加农民的转移性收入面临较大的压力。如何进一步完善对农民收入的直接支持，将是我们面临的重大政策问题。

四是财产性收入增长潜力较大。近年来，受农村土地征收补偿水平提高、农民土地流转和房屋出租增多、参加入股投资分红人数增加等因素影响，农民的财产性收入不断增长，已经成为农民收入特别是局部地区农民收入的重要增长源。从长远来看，随着今后农村产权市场不断完善，农民财产性收入还有很大的增长空间。

三、国民经济和全球农业一体化对农民收入的影响

经济发展进入新常态后，影响农民收入的外部环境和内生机制都发生了重大变化，农民收入越来越受到宏观经济环境和国际市场环境的影响。新常态下观察农民收入，要

深刻认识国民经济发展和全球一体化的影响，把握农民增收的动力源和着力点。

（一）国民经济发展与农民收入息息相关

大量实证研究已经表明：农民收入增长与经济增长有显著的正相关性，经济增长速度快，农民收入增长就快；反之，农民收入增长也相应地减缓。1986~1990年间，国内生产总值实际年均增速7.9%，农民收入年均增速为2.7%；1997~2002年间，国内生产总值实际年均增速8.4%，农民收入年均增速仅3.9%。近年来，农民收入能够保持持续较快增长的好势头，城乡收入差距能够持续5年缩小，与国民经济的持续稳定增长是分不开的。

但也要看到，在新常态下国民经济发展正在经历深刻调整，经济增速回落到中高速区间。据国家统计局数据，2014年我国GDP增速为7.4%，低于2013年7.7%的增速，更低于1979~2013年9.8%的平均增速；财政收入为14.0万亿元，比2013年增长8.6%，增速创下1992年以来的新低，连续3年低于1979~2013年14.5%的平均增速。因此，在农民收入增长问题上，必须有历史的耐心，密切关注国民经济对农民收入增长的影响，下决心采取更加有力的政策措施，继续保持农民收入增长的好势头，逐步缩小城乡居民收入差距，最终实现城乡居民收入均衡。

（二）全球农业一体化对农民收入有深刻影响

全球化给农业产业发展和农民增收带来的挑战越来越大。我国农业在"入世"过程中做出了重大承诺，取消了数量配额、许可证等所有非关税措施；关税和关税配额制度成为调控农产品贸易的唯一手段；农产品平均关税水平仅15.2%，只有世界平均水平的1/4；关税形式单一，实施税率与约束税率同一；粮棉糖配额外关税最高也只有65%。除一些岛国和个别农业规模大、竞争力很强的国家外，其他国家和地区农产品关税水平都比我国高。总体上看，我国已经是世界上农产品贸易开放度最高的国家之一，面临的竞争压力正在不断加大。

农产品价格方面，综合考虑国际国内供求形势等因素，预计6~8年后可能突破配额外进口到岸税后价。大豆、糖料、猪肉、牛肉、羊肉等进口敏感产品，价差问题表现得更为突出。大量进口国外低价农产品，使国内价格既不能随需求的拉动而相应提高，也不能随着生产成本的上升而相应上升，进口价格形成了国内农产品价格上升的"天花板"。一些产业的比较效益因此不断下降，农民通过价格获得的收入受到影响。

农业补贴方面，我们在加入WTO时承诺"黄箱"补贴上限不超过农业产值的8.5%，现在对棉花等产品的特定补贴已经逼近黄线。我们还面临资源环境和生产成本这两个"地板"的约束，农业生产成本上升，资源环境承受很大压力，依靠投入的发展空间越来越小。随着农业生产要素特别是土地流转费用、劳动力成本不断上升，我国农业已全面进入高成本时代。据农业部市场与经济信息司数据，2006~2013年我国稻谷、小麦、玉米、棉花、大豆生产成本年均增长率分别为11.0%、11.6%、11.6%、13.1%、12.0%。同时，资源环境约束也日益趋紧。人均耕地和淡水资源分别仅为世界平均水平的1/3和1/4。在“天花板”和“地板”的双重挤压下，农业产业发展和农民收入增长的空间受到挤压，这是我们面临的现实挑战。

（三）把握农民收入增长的动力源

从大的历史跨度来看，影响农民收入的内因和外因大致可以划分为三大阶段。改革开放之初到20世纪80年代上半期（1978~1985），这一时期农民收入快速增长，主要源于家庭经营性收入的增加。从增长的动力看，主要是以家庭联产承包责任制为核心的制度改革极大地调动了农民的生产积极性，与此同时，国家大幅提高农产品统购价格，带动了农民收入增长。20世纪80年代后期到21世纪初（1986~2009），是中国工业化进程快速发展的时期，伴随着乡镇企业和东南沿海劳动密集型产业的快速发展，大量农村剩余劳动力实现转移就业，工资性收入在农民收入构成中越来越发挥主导性作用。全球金融危机以来（2009~），经济全球化的影响不断加深，农业发展和农民增收日益受到国际国内两种资源、两个市场的影响和制约，农民收入构成中的四大来源都要发挥作用，农民收入增长进入“多轮驱动”的时期。

在农民收入的四大构成中，家庭经营收入对主产区农民增收影响显著；工资性收入是发达地区和中西部劳动力外出省份农民增收的重要支撑；财产性收入寄希望于深化改革，盘活农村土地和集体经营性资产；转移性收入需要强化政府对农民收入的支持，加大政策扶持力度。与此同时，有两个长期趋势值得重视：

一是从农民增收趋势看，兼业收入还将长期存在。超小的农业经营规模使农业兼业化经营成为普遍现象。据全国农村观察点调查，1993~2013年，纯农户比重由49.90%下降到39.65%，非农户和兼业农户比重已达60.05%。兼业农户产生兼业收入，随着农业份额在整个经济增长中逐渐下降，农业部分地被农户兼业经营不可避免，这一方面有利于增加农户收入来源渠道、提高收入水平，另一方面也对农业资源在各种类型农户之间优化配置、提高农业部门效率提出了长期的挑战。

二是从农民收入的动力源看，城镇化对农民收入的影响不可忽视。以人为核心的城镇化，具体而言是要解决三个“一亿人”问题，即促进一亿农业转移人口落户城镇，改造约一亿人居住的城镇棚户区和城中村，引导约一亿人在中西部地区就近城镇化。“三个一亿人”直接关系到农民增收。首先，继续转移农村劳动力，增加农民外出务工的数量，可增加农民工资性收入总量；其次，城镇化持续健康发展有利于农民工就业和工资水平提升；第三，通过城乡资源均衡配置、城乡公共服务均等化等方面改革，逐步解决进城农民及其随迁家属的住房、教育、医疗、社保等问题，有利于降低农民在城市生活的成本，间接提高农民收入。

总的来看，当前和今后一个时期促进农民收入增长，必须内外结合、多轮驱动，充分释放各方面积极因素，努力拓展新的动力源和增长源。

（四）把握不同区域农民增收的着力点

我国各地农业资源禀赋、生产方式不一样，形成了各有特色的现代农业发展模式，与此相应，不同地区农民增收的重点也各不相同。比如，在东北地区，家庭经营收入特别是粮食生产收入对农民增收有重要影响；在河南、安徽、重庆等劳动力转移较多的地区，农民工资性收入的增长对增收的贡献率较高。因此，必须从各地经济社会发展实际出发，明确农民增收的主渠道和着力点，沿海发达地区要更加注重挖掘财产性收入、转移性收入的增长潜力；传统农区和中西部地区应更加注重拓展农业内部增收空间，提高农业产业效益，同时吸引沿海地区产业转移，鼓励农民创业，增加农民工资性收入。

四、抓住机遇实现农民收入增长的新突破

（一）抓住农民增收的新机遇

新常态有新机遇，对农民收入而言，机遇表现在两个大的方面：一个是外部机遇，即不断深化改革开放带来的政策机遇和开放机遇；一个是内部机遇，即农业农村发展带来的产业机遇。

一是政策机遇。中央对三农工作高度重视，从三农“强美富”到全面建成小康社会的“五新”要求，党的十八大和十八届三中、四中全会精神一脉相承，为做好“三农”工作提供了强大保障。各地把扶持“三农”作为自觉行动，特别是新常态下以GDP为主要考核指标的政绩考核方式逐步转变，为各地政府重农抓粮促增收营造了更加良好的外部环境。多个地方制定了农民收入增长目标。

二是开放机遇。尽管当前我国农业竞争力总体水平仍然不高，但从长期趋势来看，随着需求结构升级、农业技术进步、产业结构优化和经营规模逐步扩大，我国农业竞争力正处于发展提升的长期过程中，这也将为农民收入增长提供更加广阔的空间。

三是产业机遇。现代农业的内涵已经大大拓展，农业既包括农林牧渔等产业，也涵盖生态环境保护、观光旅游休闲、文化传承等多重功能，农业边界的拓展将创造更多的就业机会和收入来源。农业产业链条“接二连三”的趋势日益显现。现代农业的发展将吸引越来越多的工商资本等新型主体投入农业，这既是对产业链整合创新实现产业发展的过程，也通过产业链条的延伸为农民增收开拓了新的空间。

（二）实现农民增收新突破

新时期推动农民收入增长，必须在尊重农民主体地位、发挥市场机制基础作用的前提下，着力强化制度创新和政策创设，建立起有利于农民增收的制度环境和内生机制。

在制度创新层面，主要是深化农村土地制度、农业经营制度、人力资本创新和农村产权制度等四个方面改革。

一是农村土地制度改革。农村土地制度改革是制度创新和政策创设中的核心问题。农业适度规模经营发展要与城镇化进程和农村劳动力转移规模相适应，与农业科技进步和生产手段改进程度相适应，与农业社会化服务水平提高相适应，只有这样才能让农业也成为一个有尊严、有竞争力的产业。农村土地制度改革对增加农民收入意义重大，一个重要前提是做好农村土地确权登记颁证工作。做好这项工作，可以给农民吃上定心丸，让农民放心大胆流转土地，提高土地资源的配置效率，同时增加来自土地的财产性收入。

二是农业经营制度创新。在坚持农户家庭承包的基础上，发展家庭农场、合作社和各种各样的产业化经营组织，这有利于提高农业生产专业化水平，增加务农的主业收入。要坚持农户家庭经营的基础地位。要继续加大扶持力度，帮助小规模农户解决实际困难，引导他们通过共同使用农业机械、开展联合营销等方式发展联户经营，增加技术、资本等生产要素投入，提高经营效益。发展多元化新型农业经营主体，新型农业经营主体是商品性农产品的主要提供者。各类新型经营主体都有独到的功能和比较优势，有各自的适应性和发展空间，需要促进多元主体共同发展，让农民自主选择适合的经营方式。完善不同主体间的利益分配机制，各类新型农业经营主体之间是相互关联、互为补充的关系。各类新型农业经营主体相互交织、良性互动，构建起紧密、平衡的利益联结和分配机制，共同组成立体式复合型新型农业经营体系，通过新型农业经营主体的发育和新型农业经营体系的不断完善，发展现代农业，增加农民收入。

三是人力资本创新。职业化农民的培养，核心是要培养一批有文化、懂科技、会管理的高素质农民，让职业化的农民获得人力资本溢出的收入效应。加强职业农民教育培训，以生产经营类新型职业农民培育为重点，对农业基础经营者、获证农民、农业后继者和农业服务人员实行分层培养。实行职业农民准入制度，积极探索新型职业农民认定管理制度和农业行业准入制度。建立高素质人才回流机制，从政府补贴、项目扶持、金融服务、土地流转、职称评定等方面创新制度和政策，以稳定的收入保障吸引农村有志青年学习农业、投身农业。

四是农村集体产权制度改革。农村集体产权制度改革对增加农民的财产性收入意义重大。改革的目标是边界清晰、权责明确、保护严格、运转流畅，改革的范围是资产、资源、资金，包括经营性资产、公益性资产和资源性资产。通过股份合作发展壮大集体经济，通过农民经营权入股发展壮大集体经济，通过国家对集体的投入发展壮大集体经济，通过重构集体经济积累新机制发展壮大集体经济，增加农民从集体经济发展中获得的收入。

在政策创设层面，主要涉及农业投入、农产品价格、农业补贴、农村金融、农业保险以及城镇化六个方面的政策内容。

一是投入政策。一方面，要提高农业生产效率促增收。重点是加强农田水利、农业科技和设施装备等基础设施建设，大力改善农业生产条件，为技术、信息等先进生产要素进入农业提供基础平台，不断提高农业的产出效率。另一方面，要降低农业生产成本促增收。土地细碎化、地力水平低、水利设施老化失修等问题是制约农业规模化、集约化生产的重要瓶颈，应通过降低农业生产成本实现农民增收。

二是价格政策。在各类政策工具中，价格政策对激励生产、保障农民收入的效果最直接也最有效。当前，价格政策的核心是理顺农产品价格的市场形成机制，为保供给促增收提供有效支撑。应坚持农产品价格形成机制——“市场定价、价补分离”的改革方向不动摇，继续执行稻谷、小麦最低收购价政策，完善重要农产品临时收储政策，总结棉花、大豆目标价格改革试点经验，积极开展农产品价格保险试点。

三是补贴政策。要下决心研究出台针对农民收入的专项政策。可借鉴发达国家的有效做法，探索完善农产品价格支持、直接补贴等保障农民收入的政策工具。加大对生态脆弱地区的生态补偿力度，针对贫困地区出台有针对性的政策，加大对贫困地区农民增收的专项扶持措施，解决特殊群体的增收困难问题。

四是金融政策。要推进农村金融的机构创新、产品创新、服务方式创新。推进机构创新，关键是要坚持“严格规范、强化监督”的原则，创设更多面向农民的村镇银行、资金互助组织、社会性金融组织，形成商业性金融、合作金融、政策性金融一体的农村金融体系。推进产品创新，核心是搭建交易平台，创新抵押产品。推进服务创新，鼓励金融机构运用移动互联、云计算等技术，为农户提供便捷高效的金融服务，为增加收入提供保障。

五是保险政策。要加大中央、省级财政对主要粮食作物保险的保费补贴力度，逐步扩大农业保险补贴覆盖范围，稳步提高农业保险风险保障水平，为广大小规模农户提供基本的收入保障。针对新型农业经营主体，探索开展产量保险、价格保险、收入保险等新型保险产品试点，规避风险，为新型经营主体提供收入的“保险包”“安全伞”。

六是城镇化政策。要适应新型城镇化背景下农村劳动力非农就业和分工分业的发展趋势，对各类群体的主业收入进行有针对性的政策扶持。对已经转移到非农就业领域的农民，重点是解决好农业转移人口的市民化问题，完善农民工工资增长与保障机制，把农民工的住房、教育、卫生、养老等需求纳入城镇发展规划统筹考虑。对于农业领域的各类从业人员，要在推动生产环节专业化的同时，促进农业“接二连三”与二、三产业深度融合，引导支持农业生产向加工、仓储、物流、营销等环节延伸，不断创造相关就业岗位，在产业提质增效的过程中促进农民增收。

第三节　农民增收问题理论基础

农民是世界上任何一个国家都不可忽视的群体。马克思主义者一直重视对农业、农村和农民问题的研究，形成了重要的思想和观点，在指导实践的过程中取得历史性的成就。当前农民增收问题的研究，主要建立在马克思、恩格斯、列宁、毛泽东、邓小平等马克思主义者的理论成果之上。

一、马克思、恩格斯关于改善农民生活的思想

马克思、恩格斯在创造、完善马克思主义的过程中，一直没有忽视对农民问题的研究。他们对农民问题进行了长期的关注与阐述，提出了富有见地的关于改善农民生活的思想，并将其融入马克思主义的理论体系中，是马克思主义科学体系不可或缺的重要组成部分。改善农民生活，不仅包括改善农民的物质生活水平，还包括肯定农民的历史作用、提高农民的政治地位。

（一）马克思、恩格斯关于改善农民生活思想的发展

19世纪的西欧，资本主义快速发展，进入了由自由资本主义向帝国主义过渡的阶段，大量的土地集中在资本家手中，农民丧失了赖以生存的农业资本，农民运动大规模发展。马克思将农业与工业联系起来，将农民运动与工人革命联系起来，思考了革命所依靠的力量、革命的方向等问题。《关于林木盗窃法的辩论》（以下简称《辩论》）和《摩塞尔记者的辩护》两篇评论文章的发表，是马克思对农村与农民问题的最初思考。《辩论》探讨了工农业两者之间的关系，揭露了资产阶级对农民剥夺的实质，指出："整个国家制度，各种行政机构的作用都应该脱离常规，以便使一切都沦为林木所有者的工具，使林木所有者的利益成为左右整个机构的灵魂。"《摩塞尔记者的辩护》中，马克思以一名记者的名义，对当局反驳《莱茵报》通讯的两篇文章进行了有力的驳斥，支持《莱茵报》对当局漠视农民贫苦和忽视农民控诉的宣传报道。马克思认为不能将摩塞尔河沿岸地区的贫困状况看成简单的状况，"其中必须至少看到两个方面，即私人方面和国家方面"。同时，马克思在此期间"第一次遇到要对所谓物质利益发表意见的难事"，并成为促使他去研究经济问题的动因，开始了他对黑格尔唯心主义的反思与批判，最终走上辩证唯物主义的道路。

恩格斯1842年在《英国工人阶级状况》中，同样关注了农村与农民问题，并指出"农业中的停滞现象维持得愈长久，工人现在身受的打击就愈沉重，旧的社会结构的解体在这里也表现得愈明显"。《共产党宣言》中，马克思、恩格斯对无产阶级的构成进

行了说明。他们认为，“小工业家、小商人和小食利者，手工业者和农民——所有这些阶级都降落到无产阶级的队伍里来了”，“无产阶级的队伍就是这样从居民的所有阶级中得到补充的”。但是，马克思、恩格斯认为农民同资产阶级所做的斗争只是为了维护自己的生存。因此，农民是保守的，不具有彻底的革命精神。然而，马克思、恩格斯对农民的认识并不是片面的，他们同样也肯定了农民在历史发展进程中发挥的重要作用。在《路易•波拿巴的雾月十八日》《1845年至1850年的法兰西阶级斗争》等著作中，马克思、恩格斯认为农民受到封建地主阶级与资产阶级的双重压迫，具有强大的革命动力。同时认为，当时无产阶级的力量尚不足以推翻资产阶级的统治，必须联合农民进行革命斗争。马克思、恩格斯对农业与农民问题的认识随着资本主义的发展、农民运动的突起和工人革命形势的变化而不断深入和全面。恩格斯在《法德农民问题》中认为农民是一支不可忽视的政治力量，并对建立工农联盟的重要意义和无产阶级政党在农村的阶级路线进行系统的阐述，有力地推动了马克思主义关于改善农民生活思想的发展。

（二）马克思、恩格斯关于改善农民生活思想的主要观点

马克思、恩格斯对农业的基础性地位进行了全面而系统的论述，立足于人的自由全面发展提出了城乡一体化思想，对农民的历史地位和作用作了肯定。

1. 消灭城乡对立思想

消灭城乡对立，是马克思、恩格斯关于解决农村与农民问题的思想，其立足点是人的自由全面发展。马克思、恩格斯在考察欧洲农业发展时发现了城乡差别和工农差别的存在，并对解决这些差别提出了“城乡融合”的发展思路。马克思、恩格斯指出，造成城乡对立的因素主要有两个：一是工业与农业之间的劳动分工；二是脑力与体力之间的劳动差别。这种劳动上的差别，制约了劳动者的自由全面发展。“城乡关系一改变，整个社会也跟着改变”，应“把农业和工业结合起来，促使城乡对立逐步消灭”。因此，在消灭城乡对立的问题上，马克思、恩格斯初步提出了城乡融合的观点：“通过消除旧的分工……通过城乡的融合，使社会全体成员的才能得到全面发展”——在这里，将城乡融合作为实现全体劳动者的自由全面发展的重要途径。

2. 工农联盟思想

马克思、恩格斯认为，农民虽然具有小农阶级的局限性，不能成为社会主义革命的领导者，但是农民的革命意志是坚定的、力量是强大的，并且与工人阶级有着利益的共同性。因此，马克思、恩格斯强调工人阶级应该与农民结成统一战线，形成工农联盟。在阐述工农联盟思想时，马克思、恩格斯认为：第一，农民受到资产阶级的沉重压迫，生存空间急剧缩小，具有较强的革命动力，是工人阶级的天然同盟军；第二，工人阶级尚不具备独自推翻资产阶级统治的力量，革命的形势还是不稳定的，应该与农民联合起来建立工农联盟；第三，在革命问题上，农民具有双面性，并且无法形成有效的政治组织，因此，必须由无产阶级来领导工农联盟。马克思在总结1848年的法兰西阶级斗争时，曾对工农联盟的重要性进行了阐述——“在革命进程把站在无产阶级与资产阶级之间的国民大众即农民和小资产者发动起来反对资产阶级制度，反对资本统治以前，……法国工人是不能前进一步，不能触动资产阶级制度的”。

3. 保护农民的利益

马克思指出，“无产阶级要想有任何胜利的可能性，就应当善于变通地直接为农民做很多事情，就像法国资产阶级在进行革命时为当时法国农民所做的那样”。由于马克思、恩格斯对农民的历史地位和作用具有深刻的认识，加上对农民悲惨境遇的深切同情，他们强调保护农民的利益，重视解决农民的贫困问题。为了将农民吸收进无产阶级革命中来，马克思、恩格斯提出要了解农民，改善农民的生活状况，在一定阶段内要保护农民的继承权和土地所有权，不能违背农民的意志。马克思、恩格斯认识到农民无法形成一个政治组织来保护自己的阶级利益，因此需要将农民组织起来，通过组织的力量同损害农民利益的行为作斗争。马克思、恩格斯认为，小农经济束缚了农村生产力的发展，应对农业进行社会主义改造，实现社会化大生产，从根本上解决农民的贫困问题。

二、列宁关于改善农民生活的思想

作为建立了世界第一个社会主义国家的革命领袖，列宁很好地继承了马克思、恩格斯关于改善农民生活的思想，并结合本国的具体实际提出了一系列具有建设性的措施和对策，丰富和发展了马克思主义在农村建设与农民发展等方面的理论。

（一）解决农民土地问题，实行新经济政策

十月革命胜利初期，俄国总人口中大部分为农民，但是农民占有的人均土地是很少的——“1050万农户只有7500万俄亩土地，而3万个大地产占有者就有7000万俄亩土地。”俄国的土地矛盾造成了尖锐的阶级矛盾，农民土地问题迫切需要得到解决。“土地问题是俄国资产阶级革命的根本问题，它决定了这个革命的民族特点。这个问题的实质，就是农民为消灭地主土地占有制和俄国农业制度中的一切农奴制残余而斗争，因而也就是为消灭俄国整个社会政治制度中的一切农奴制残余而斗争”。为此，列宁颁布《土地法令》，保护农民土地，没收地主的土地交由苏维埃支配。为了解决建国初期国内国外面临的严重危机，苏俄实行以余粮征集制为核心的“战时共产主义”政策，巩固了新生的苏维埃政权。长期的战争和严重的自然灾害造成了俄国的贫困，战时共产主义政策的弊端逐渐显露，影响了苏维埃政权的稳定。1921年春，苏俄正式实行新经济政策，以粮食税取代余粮征集制，允许自由贸易，实行按劳分配。新经济政策在很大程度上增强了农民的积极性，得到农民的拥护，促使俄国稳定过渡到

社会主义社会。

（二）解决工农矛盾，缩小城乡差距

对于工农联盟的重要性，列宁有着深刻的认识。他指出："没有经济联盟，军事联盟就无法维持。我们不是光靠空气生活的；没有经济基础，我们和农民的联盟就绝对不能长期维持。"建立稳固的工农联盟，必须重视解决工农矛盾，缩小城乡差距。战时共产主义政策在巩固苏维埃政权的同时，损害了农民的根本利益，农民的不满情绪日益增加。"要使我们有力量，除了发展我们的农业和城市工业这个主要支柱以外，没有其他办法。"为了促进苏俄的稳定发展，列宁对工农矛盾、城乡差距等问题进行了深入的分析，并提出了解决思路。新经济政策的实施，为改善农民生活条件，建立工农联盟奠定了经济基础。"新经济政策的实质是无产阶级同农民的联盟，是先锋队无产阶级同广大农民群众的结合。"在缩小城乡差距的问题上，列宁提出将农民吸引到城市中，实现农业人口与非农业人口的融合，改善农民的生活条件。"正是农业人口和非农业人口的生活条件接近才创造了消灭城乡对立的条件。"

（三）发展农村合作社，开展农村"文化革命"

在改善农村生产关系和提高农村生产力方面，列宁分别采取了两项措施：一是发展农村合作社，二是开展农村"文化革命"。对于合作社，列宁在不同时期有着不同的理解。十月革命以前，列宁主要将合作社与资本主义联系起来，认为合作社是反映一个国家资本主义发展水平的标志。十月革命以后，工人阶级掌握了国家政权，实现了土地等生产资料的公有化，列宁对合作社有了不同的理解，认为发展农村合作社是实现社会主义过渡的重要措施——"合作社发展也就等于社会主义的发展"。在探讨农村合作社的发展时，列宁认为应注重提高农民文化水平，这也是推进合作社高度发展的内在要求。"只要实现了这个'文化革命'，我们的国家就成为完全社会主义的国家了"，而开展农村"文化革命"，则是与发展合作社相辅相成的措施。农村"文化革命"的核心目的是提高农民的素质，促进农村生产力的提高。

三、毛泽东关于改善农民生活的思想

毛泽东关于改善农民生活的思想，是马克思列宁主义同中国农村建设与农民发展具体实践相结合的产物，是马克思主义中国化的重大理论成果。毛泽东关于改善农民生活的思想有两大主要内容：一是社会主义农村建设思想，二是保障农民利益思想。

（一）社会主义农村建设思想

以毛泽东为核心的党的第一代领导集体提出我国农村建设必须坚持走社会主义道路，将人民公社作为农村的基本组织形式，不断发展农村生产力，实现农民的共同富裕。毛泽东指出："社会主义道路是我国农业唯一的道路。发展互助合作运动，不断提高农业生产力，这是党在农村中工作的中心。”

1. 强调农业的基础性地位

中国人口众多，粮食问题关系到人民的生存和国家的稳定。没有农业提供丰富的原材料，我国的工业就成了无水之源。毛泽东认为“农业是国民经济的基础，粮食是基础的基础”，并在党的八届十中全会上提出“以农业为基础，以工业为主导”的总方针。

2. 建立社会主义农村集体经济

建立农村集体经济是社会主义公有制在农村的主要实现方式，是促进农业生产力发展、推进农村社会建设、提高农民生活水平、实现工业现代化的重要举措。为此，毛泽东提出要建立以农业生产合作社为核心的社会主义农村集体经济，坚持走农业合作化道路，推动合作社由初级形式向高级形式发展。

3. 走农业现代化道路

农业的现代化提供了先进的生产工具，代表着先进的生产力。毛泽东认为，以机械化为标志的现代化农业有助于提高农业生产效率，是实现国民经济快速发展的重要道路，并把农业现代化放在我国“四个现代化”战略目标的首位。

（二）保障农民利益思想

农民是农业生产的主要参与者，是社会主义建设的重要力量。在长期的革命和建设历程中形成的保障农民利益思想，是毛泽东思想的重要内容，主要包含以下三方面内容：

1. 保障农民的经济利益

毛泽东把解决好土地问题作为保障农民利益的首要任务。首先，将落后的封建土地所有制废除，通过多次土地改革，让农民的土地所有权得到了保障。同时，他还组织农民进行互助合作，积极推动大生产运动的发展。在税收政策上，毛泽东提出要减轻人民负担，使农民的生活得到有效保障。

2. 保障农民的政治利益

建立工农民主政权是保障农民政治权益的重要内容。毛泽东领导建立了以工农联盟为基础的社会主义新中国，制定法律保障了农民的选举权和被选举权，并要求全党坚持群众路线，树立为人民服务的宗旨。

3. 保障农民的文化利益

毛泽东提出要建设现代化的科学文化，保障农民享有受教育的权力，不断提高农民的文化水平，丰富农民的文化生活，使农民的思想觉悟得到提高。

四、中国特色社会主义理论体系中关于促进农民增收的思想

（一）邓小平关于促进农民增收的思想

中国改革开放的总设计师邓小平坚持把农村改革放在首位，注重提高农民收入，提

出一系列重大的改革措施，为马克思主义“三农”思想的发展作出了重要贡献。

1. 加强农业的基础地位

邓小平认为，中国将长期处于社会主义初级阶段，“耕地少，人口多特别是农民多”的状况是很难在短期内改变的，农业仍然是国民经济发展的重要基础。邓小平始终坚持把农业放在经济建设的首位，认为农业的稳定发展是实现工业现代化的强大动力和维护社会稳定的重要基石，“中国有百分之八十的人口住在农村，中国稳定不稳定首先要看这百分之八十稳定不稳定。城市搞得再漂亮，没有农村这一稳定的基础是不行的”，并做出“农业是根本，不要忘掉”的重要指示。

2. 深入开展农村改革

邓小平认为，中国的改革要“从中国的实际出发，我们首先要解决农村问题”。农村改革，是进行社会主义经济体制改革的重要基础，是解放和发展农业生产力的必然要求。在如何进行农村改革的问题上，邓小平做出了详细的描述，指出“中国社会主义农村的改革和发展，要有两个飞跃”。第一，是将人民公社废除，积极发展家庭联产承包责任制。第二，是发展集体经济，探索农业经营新模式。邓小平认为，这“两个飞跃”是进行农村改革取得的重大进步。建立家庭联产承包责任制和发展乡镇企业是邓小平“两个飞跃”的主要内容，这两项改革提高了农民的生产积极性，提高了农民的经济收入，促进了农业的发展壮大和农村的稳定繁荣。

3. 提出共同富裕的目标

邓小平认为，在社会主义条件下，应将发展生产力摆在最突出的位置，同时要实现好全体人民的共同富裕。“社会主义的目的就是要全国人民共同富裕，不是两极分化”。全国人民共同富裕包含着农民共同富裕，没有农民的共同富裕就没有全国人民的共同富裕。对于共同富裕的实现路径，邓小平提出了“先富”带“后富”的主张。“我们的政策是让一部分人、一部分地区先富起来，以带动和帮助落后的地区……最终实现共同富裕。”邓小平指出，共同富裕是社会主义的根本目的。

（二）江泽民关于促进农民增收的思想

江泽民立足于世纪之交中国面临的世情国情，坚持马克思列宁主义，继承和发展了毛泽东思想、邓小平理论，对“三农”问题特别是农民增收问题进行了科学的总结，形成一系列理论。

1. 优先发展农业的思想

江泽民指出，“没有农业的牢固基础，就不可能有我国的独立；没有农业的积累和支持，就没有我国工业的发展……没有农业的现代化，就不可能有整个国民经济的现代化”。在如何对待农业的问题上，江泽民强调，农业基础一定要打牢。发展国民经济，应首先发展农业。江泽民认为粮食是基础的基础，必须把农业基础打好。在如何发展农业的问题上，江泽民认为，农业发展的关键是要调动农民的积极性，要继续完善家庭承包联产责任制，坚持科教兴农，推进农业产业化经营，实施农业可持续发展战略。

2. 增加农民收入的思想

江泽民认为，增加农民收入是实现全面小康社会的关键，是促进国民经济又好又快发展的强大动力，是维护国家社会稳定的坚实基础，是巩固党执政地位的重要保证。江泽民强调，“农村实现小康，关键是要增加农民收入”，“没有农民的小康，就不可能有全国人民的小康”。这体现了江泽民对提高农民收入的深刻认识。农民收入得不到提高，农村的购买力上不去，将会影响到内需的扩大，进而制约经济社会的良好发展。增加农民的收入，不断改善农民生活，对维护我国社会稳定具有根本性的影响。同时，江泽民认为，增加农民收入是正确处理党同农民群众关系的重要途径，“靠不断地给农民群众看得见的物质利益”来保持党同农民群众的坚强团结。

3. 统筹城乡发展的思想

在党的十六大报告中，江泽民旗帜鲜明地指出，“统筹城乡经济社会发展，建设现代农业，发展农村经济，增加农民收入，是全面建设小康社会的重要任务”。城乡二元结构的产生和发展有着特定的历史原因，随着我国经济社会的不断发展，它的不足愈发明显。这直接导致了农民收入增长相对缓慢，出现了城乡发展不平衡的状况，阻碍了我国经济社会的健康发展。江泽民认为，统筹城乡发展，打破城乡二元经济社会结构的阻碍，逐步缩小城乡差距，是实现全面小康的重大战略思想，是新时期做好农村工作的指导方针。

（三）胡锦涛关于促进农民增收的思想

以胡锦涛为总书记的党的中央领导集体，继承和发展马克思主义，提出并贯彻落实科学发展观，形成了马克思主义“三农”思想中国化新的理论成果。

1. 提出科学发展观

发展是解决农村与农民问题的关键，胡锦涛指出，“我们必须始终牢记，发展是解决中国所有问题的关键”。胡锦涛认为，实现中国的良好发展是党执政兴国的关键。在如何发展的问题上，胡锦涛提出了以人为本为核心的科学发展观。科学发展观，首要的内容就是发展。在发展过程中，要突出以人为本这一核心，贯彻全面、协调、可持续的发展观。在解决当前农民增收问题中贯彻落实科学发展观，就要将发展农村生产力作为第一要务，将为农民服务作为工作核心，将实现农村全面协调可持续发展作为工作要求，将统筹城乡发展作为工作方法。科学发展观的提出，为解决中国经济社会发展进程中出现的各种问题指明方向，同时为解决农民增收问题提供了路径指导。

2. 将解决农村与农民问题作为工作重心

解决农村与农民问题是全面建设小康社会的重要任务，是我国实现工业化与现代化的必要条件，是实现中华民族伟大复兴的坚实基础。胡锦涛对于解决农村与农民问题非常重视，多次提出指导意见。他强调，“把解决好农业、农村和农民问题作为全党工作的重中之重，放在更加突出的位置，努力开创农业和农村工作的新局面”。解决农村与农民问题，核心的内容是：实现农业产业化，改革户籍制度，提高农民素质和增加农民收入。农村与农民问题由来已久，面临的情况更加复杂，任务更加艰巨。将解决农村与农民问题视为工作的重中之重，是党中央站在历史发展的高度做出的重大战略决策，对加快推进农业现代化建设和构建社会主义和谐社会具有重要而深远的意义。

3. 推进社会主义新农村建设

胡锦涛指出，建设社会主义新农村，是“从党和国家事业发展的全局出发确定的一项重大历史任务”。胡锦涛强调，建设社会主义新农村要围绕五个基本要求：一是生产发展；二是生活宽裕；三是乡风文明；四是村容整洁；五是管理民主。建设社会主义新农村，就要大力发展农村生产力，不断提高农民的生活水平，搞好社会主义农村文化建设，保持整洁的村容村貌，形成社会主义民主的管理模式。胡锦涛提出，要坚持“多予少取放活”的方针，实现工业对农业反哺、城市支持农村的和谐发展局面。在建设中，要将增加农民收入作为中心任务，促进农村生产力的全面发展。推进新农村建设，要坚持政治、经济、文化、社会建设的社会主义道路，促进各项建设事业的协调发展。胡锦涛认为，社会主义新农村建设是一项长期的历史任务。他强调，必须要牢固树立长期作战的思想，坚持不懈地做好各项工作。

（四）习近平关于促进农民增收的思想

1. 让农业成为有奔头的产业

习近平指出：“现代高效农业是农民致富的好路子。要沿着这个路子走下去，让农业经营有效益，让农业成为有奔头的产业。”

“务农重本，国之大纲。”发展现代农业，让农业成为有奔头的产业，是习近平的“农业梦”。发展农业是解决“三农”问题的根本途径，也是加快社会主义现代化建设的重大任务。关于我国农业发展的方向，习近平指出：“农业的出路在现代化，农业现代化关键在科技进步。”

目前，我国工业化已进入中后期阶段，信息化日新月异，城镇化快速发展，而作为“四化同步”之一的农业仍处于传统农业向现代农业转型升级的初级阶段，农业现代化的步子远远落后于其他“三化”。习近平指出：“我们既要有工业化、信息化、城镇化，也要有农业现代化和新农村建设，两个方面要同步发展。”“十三五”期间，我们必须依靠科技支撑和创新驱动，努力走出一条产出高效、产品安全、资源节约、环境友好的现代农业发展道路，补齐农业现代化这个短板。

2. 让农村成为农民幸福生活的美好家园

习近平指出：“要破除城乡二元结构，推进城乡发展一体化，把广大农村建设成农民幸福生活的美好家园。”

推进城乡一体化是建设农村的重要途径。习近平指出：“推进城乡发展一体化要坚持从国情出发，从我国城乡发展不平衡不协调和二元结构的现实出发，从我国的自然禀赋、历史文化传统、制度体制出发，既要遵循普遍规律、又不能墨守成规，既要借鉴国际先进经验、又不能照抄照搬。要把工业和农业、城市和乡村作为一个整体统筹谋划，促进城乡在规划布局、要素配置、产业发展、公共服务、生态保护等方面相互融合和共同发展。着力点是通过建立城乡融合的体制机制，形成以工促农、以城带乡、工农互惠、城乡一体的新型工农城乡关系，目标是逐步实现城乡居民基本权益平等化、城乡公共服务均等化、城乡居民收入均衡化、城乡要素配置合理化，以及城乡产业发展融合化。”

新时期，要提升新农村建设的能力，继续推动城乡一体化建设，让农村成为农民生活的美好家园，成为农民大有作为的广阔天地。

3. 让农民过上幸福美满的日子

习近平指出：“要更加重视促进农民增收，让广大农民都过上幸福美满的好日子，一个都不能少，一户都不能落。”

“心中为念农桑苦，耳里如闻饥冻声。”农民多是我国的基本国情，让广大农民实现脱贫致富是习近平最大的心事。他说：“中国要强，农业必须强；中国要美，农村必须美；中国要富，农民必须富。”增加农民收入，让农民过上幸福美满的日子，就是习近平的“农民梦”，也是如期实现全面小康最艰巨的任务。

习近平的“农民梦”重点是提高农民收入，让农民早日过上小康生活。在全面建成小康社会的进程中，农民增收成为短板，习近平再三强调要补齐这个短板，要使从事农业的农民得到与城镇职工基本相当的收入。他要求各级政府要积极拓宽农民增收渠道，提高农业生产效益，促进家庭经营收入稳定增长，使经营农业有钱赚；引导农村劳动力转移就业，促进农民打工有钱赚；完善农业补贴政策，稳步推进农村改革，尽量增加农民的政策性收入和财产性收入。

第二章　改革开放以来我国农民收入增长历程

第一节　农民收入增长阶段划分

改革开放以来，我国农民收入呈现出持续增长的态势。1978年我国农民人均纯收入只有133.6元，2015年上升为10 772元，增长近80倍，年均增长12.25%（见图2-1）。具体来看，我国农民收入增长在不同经济发展时期呈现出明显的阶段性特征。按照我国农民收入增长率的变化，1978~2015年农民收入增长可划分为6个阶段（如表2-1所示）。

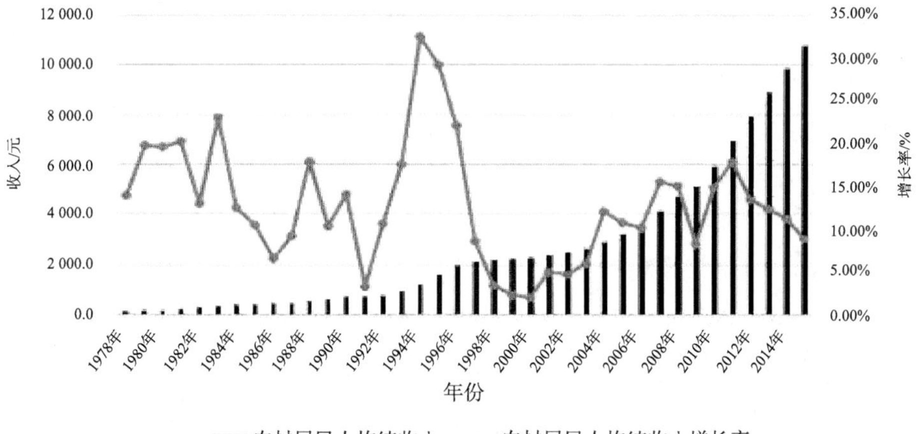

图2-1 1978~2015年我国农民收入增长变化情况

资料来源：《中国农村统计年鉴》（1979~2016）。

表2-1 1978~ 2015年我国农民收入增长的阶段性变化（单位：%）

年份	增长特点	年均增长率
1978~1984	高速增长阶段	17.2
1985~1988	缓慢增长阶段	11.4
1989~1991	增长停滞阶段	9.2
1992~1996	增长回升阶段	22.4

续表2-1

年份	增长特点	年均增长率
1997~2000	增长持续下降阶段	4.0
2001~2015	增长恢复阶段	10.6

资料来源：根据历年《中国统计年鉴》《中国农村住户调查年鉴》的统计数据计算得到。

一、高速增长阶段（1978~1984年）

该阶段农民收入从133.6元增加到了355.3元，年均增长率为17.2%，扣除物价因素后年均实际增长率也达到15.6%。

这一阶段是农村经济体制改革的初始阶段。1978年实施的家庭联产承包责任制突破了人民公社体制的束缚，解放了农村生产力。与此同时，该阶段国家对农产品价格的提高也极大地调动了农民发展农业生产的积极性，提高了农业劳动生产率，推进了农业的超常发展。这段时期中央也认识到农村不应当只发展农业，也可以发展非农产业，走“农工商建运服”综合发展的道路，因而中央从全局上高度重视社队企业（即后来的乡镇企业）的发展，并制定了一系列扶持政策。但由于种种原因，这一阶段社队企业发展并不快，因此，家庭联产承包责任制的实施和农产品价格的提高是该时期农民收入高速增长的主要原因。

二、缓慢增长阶段（1985~1988年）

该阶段农民收入增长仍然较快，但与第一阶段相比，农民收入增长变缓。农民人均纯收入由397.6元增长到544.9元，虽然年均增长率仍然较高，为11.4%，但扣除物价因素后，年均实际增长率仅为5.7%。

这段时期，农业，尤其是粮食生产不景气，粮食生产出现了徘徊的被动局面，严重影响了农民收入的增长。但这一时期也是乡镇企业突破“三就地”和“两个轮子”的限制，快速发展的阶段。该时期大约有4340万农民在乡镇企业从事全日制或非全日制工作，这在很大程度上抵消了农业生产不景气对农民收入增长的不利影响。这一阶段乡镇企业的发展对整个农村经济发展产生了深远的影响，不仅带动了农村经济结构的调整，还为农民增收提供了新的源泉，使农民收入来源向多元化发展。

三、增长停滞阶段（1989~1991年）

该阶段农民人均纯收入由601.5元增加到708.5元，年均增长率虽为9.2%，但扣除物价因素后的年均实际增长率仅为0.7%。其中，1989年的增长率为10.4%，但实际收入下降了

1.6%。1990年的增长率为14.1%，而实际增长率仅为1.8%，1991年的实际增长率为2.0%。

20世纪80年代后期，我国农业增长开始由原来的长期供给短缺转向需求制约的局面，农产品供求之间因品种和品质的不对称而未能形成有效供给，出现了“卖粮难”“卖棉难”现象。农产品供求之间的矛盾是该时期形成农民增收停滞的主要原因之一。其二，该时期农业生产资料价格大幅度上涨。1989~1991年，农业生产资料价格在1988年上涨6%的基础上分别比上年价格水平上涨18.9%、25.4%和29.1％，而同期农产品收购价格却反向下跌，1990、1991年农产品收购价格分别比上年降低2.6%和3%。农业生产成本的急剧上升以及农产品收购价格的降低致使农业生产的利润空间不断下降，从而影响了农民收入的增长（范小建，1999）。除此之外，乡镇企业的发展出现了与城镇工业争原料、争能源、争产品的现象。因此，国家于1988年提出了治理整顿的方针。加之，受资金紧缩和市场疲软等因素的影响，乡镇企业发展受到了抑制，农民进入非农产业就业的机会减少，这是该时期农民收入增长停滞的又一原因。

四、增长回升阶段（1992~1996年）

该阶段农民人均纯收入由783.9元增加到1926.1元，年均增长率达22.4%，扣除物价因素后实际增长率为5.7%，除1993年实际增长率为3.2%外，其他四年的实际增长率均超过了5%，且1996年的实际增长率达到了9%。

1992年以后农村改革进入了一个向社会主义市场经济体制全面转轨的时期。1994年和1996年粮食两次提价82%（宋洪远，2008），这在很大程度上促进了农民收入的增长。另外，这个时期乡镇企业实施了以产业结构调整和产品结构调整为主的结构性调整，加上技术进步的不断加快，使得乡镇企业又一次进入高速发展阶段。据《中国乡镇企业30年》的统计资料显示，该时期乡镇企业从业人员从10581万人增加到13058万人，增长了23.4%，利润总额从1079亿元增加到4356亿元，增加了3 277亿元。乡镇企业的进一步发展对该阶段农民收入的增长发挥了重要的作用。

五、增长持续下降阶段（1997~2000年）

该阶段农民人均纯收入由2091.13元增加到2253.42元，年均增长率仅为4%，扣除物价因素后实际增长率为3.7%。1997~2000年农民收入的增长率从8.5%下降至1.9%，实际增长率从4.6%下降至2.1 %，农民收入增幅连年下降。

这个时期尽管农产品总量增加，但是大多数农产品的市场价格较低，因此，农民的农业收入增长停滞不前。2000年农民来自农业的人均纯收入比1997年减少了129.3元。与此同时，由于1997年东南亚金融危机的影响，国际市场需求减少，乡镇企业出口受阻，导致国内市场竞争加剧。尤其是进入买方市场后，乡镇企业发展速度明显放慢，效益滑坡，吸纳农村剩余劳动力的能力减弱。农民外出就业压力加大，非农收入下降。这两方面的原因导致了这一时期农民收入增幅连年下降。

六、增长恢复阶段（2001~2015年）

该阶段农民人均纯收入由2366.4元增加到10772元，年均增长率为10.60%，扣除物价因素后实际增长率为8.43%。2001年，农民人均纯收入增长率为5%，实际增长率为4.2%，扭转了自1997年以来农民收入增幅连续四年下滑的局面。2004~2009年，农民人均纯收入实际增长率连续六年超过了6%，2010~2014年农民人均纯收入的实际增长率达到10%以上，农民收入进入增长恢复时期，但2015年再次下降到10%以下，达到8.9%。

该时期农村改革开始全面实行。2006年我国全面取消了农业税，结束长达2600多年的种地交税的历史，极大地减轻了农民的负担。此外，该时期农村还实行了社会主义新农村建设和以乡镇机构改革、农村义务教育改革以及县乡财政管理体制改革为主要内容的农村综合改革，制定了“以工促农、以城带乡”的发展战略，并实施了一系列支农惠农政策。这些因素是这一时期农民收入增长恢复的主要原因所在。

综上所述，1978~2015年以来，我国农民收入总体呈上升趋势，但各年的增长速度差异较大。期间，农民人均纯收入增长率最快的年份是1994年，达到32.5%，最慢的年份是2000年，仅为1.95%；实际增长率最快的年份是1982年，达到21.3%，最低的年份是1989年，为－1.6%。此外从图2-1还可以看出，1978~1984年是农民收入增长的“黄金时期”，农民收入的实际增长率平均达到了15.6%。之后的30余年间农民收入的水平虽然不断上升，增速也经历了停滞—回升—下降—恢复阶段，但实际增长速度一直维持在较低的水平上。农民收入增长速度低，水平低，从而导致城乡居民收入差距不断拉大。

第二节　农民收入差异

一、城乡居民收入差距分析

改革开放以来，城镇居民人均可支配收入与农村居民人均纯收入都得到了较大提高，但因城镇居民人均可支配收入的增长要快于农村居民人均纯收入的增长，而致使城乡居民收入差距总体呈现扩大的态势。1978~2015年间，城镇居民人均可支配收入从343元增加到31 790.3元，增长了92.68倍，年均增长12.66%。而同期，农村居民人均纯收入从134元增加到10 772.0 元，增长了80.38倍，年均增长12.24%。农村居民无论是在收入的绝对增加值还是在增长速度上都要落后于城镇居民（见表2-2、图2-2）。

表2-2 1978~2015年我国城乡居民收入差异变化情况

年份	城镇居民可支配收入（元）	农村居民人均纯收入（元）	城乡居民收入比
1978	343	134	2.57：1
1979	405	160	2.53：1
1980	478	191	2.50：1
1981	500	223	2.24：1
1982	535	270	1.98：1
1983	565	310	1.82：1
1997	5 160	2 090	2.47：1
1998	5 425	2 162	2.51：1
1999	5 854	2 210	2.65：1
2000	6 280	2 253	2.79：1
2001	6 860	2 366	2.90：1
2002	7 703	2 476	3.11：1
2003	8 472	2 622	3.23：1
2004	9 422	2 936	3.21：1
2005	10 493	3 255	3.22：1
2006	11 760	3 587	3.28：1
2007	13 786	4 140	3.33：1
2008	15 781	4 761	3.31：1
2009	17 175	5 153	3.33：1
2010	19 109	5 919	3.23：1
2011	20 810	6 977	3.13：1
2012	24 565	7 917	3.10：1
2013	26 955.1	8 895.9	3.03：1
2014	29 381.0	9 892.0	2.97：1
2015	31 790.3	10 772.0	2.95：1

资料来源：《中国统计年鉴》（1979~2016）。

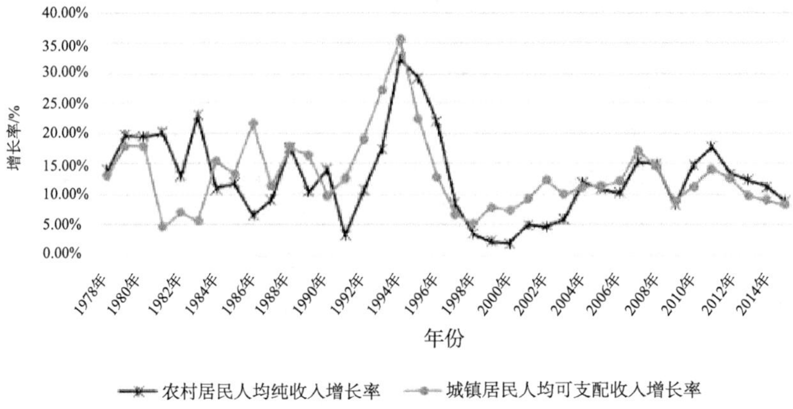

图2-2 1978~2015年城乡居民收入增长率变化情况

资料来源：《中国统计年鉴》（1979~2016）。

从1978年至今，城乡居民收入差距的变动大致可以分为以下六个阶段。

（一）城乡居民收入差距逐渐缩小阶段（1978~1983年）

该阶段由于农业生产高速发展和农民收入迅速增长，城乡居民收入差距逐渐缩小，由2.57∶1减少到1.84∶1（以农民收入为1），且1983年城乡居民收入差距是近年来的最低点。

（二）城乡居民收入差距逐步扩大阶段（1984~1994年）

该阶段由于农业发展减速，农民收入增长缓慢，城乡居民收入差距逐步扩大，由1984年的1.84∶1增加到1994年的2.86∶1。

（三）城乡居民收入差距振荡降低阶段（1995~1997年）

该阶段由于非农产业迅速发展，农民进入非农产业就业的机会增加，收入增长较快，城乡居民收入差距振荡降低。1995年城乡居民收入差距为2.71∶1，1997年降低到2.47∶1。城乡居民收入差距回复到20世纪80年代初期的水平。

（四）城乡居民收入差距迅速扩大阶段（1998~2002年）

该阶段由于乡镇企业增速减缓，农民收入处于恢复增长阶段，城乡居民收入差距迅速扩大，由1998年的2.51∶1上升到2002年的3.11∶1。

（五）城乡居民收入差距缓慢扩大阶段（2003~2009年）

该阶段由于党中央实施了免除农业税等一系列支农惠农政策，农民收入恢复性增长，城乡居民收入差距缓慢扩大，由3.23∶1上升到了3.33∶1。其中，2007年和2009年城乡收入差距为3.33∶1，达到了改革开放以来的最高点。

（六）城乡居民收入差距缩小阶段（2010年至今）

该阶段由于国家强农惠农富农政策力度大，连续多年提高粮食最低收购价和农业补贴水平，带动农民转移性收入快速增长；另一方面，通过制定最低工资标准等一系列政策法规，保障农民工权益。从2010年开始，农民收入增幅连续三年超过城镇，使得城乡收入差距在2015年缩小到10年来最低的2.95：1。但城乡收入差距仍在3倍左右，差距仍然较大。值得关注的是，以上只是名义上的城乡居民收入差距，如果考虑到城镇居民实际享受的各种工资外的福利性补贴，如住房、医疗、教育以及公共设施等的补贴，城镇居民的实际收入将会更高。而对于农民来讲，如果扣除收入中不可交易的实物性收入以及用于下一年再生产的投资，农民的实际收入将会更低。据有关专家测算，若把这些因素都考虑进去，我国城乡居民收入的实际差距将达到6：1左右。

二、农户间收入差异分析

（一）低收入组农户的增长要慢于高收入组的增长，且差距在不断扩大

近年来按五等份划分的不同收入组农户的收入绝对额总体上都呈现出上升的趋势，但低收入组农户收入的增长要慢于高收入组，且差距在不断扩大（见表2-3）。2000年低收入组的农户人均收入为802元，高收入组的农户人均收入为5 190元，高收入组农户的人均纯收入是低收入组的6.47倍。到2015年，低收入组的农户人均纯收入为3 085元，高收入组农户人均纯收入为26 013元，高收入组农户的人均纯收入是低收入组的8.43倍。从平均增长率来看，中低及低收入组农户收入的年平均增长率要低于全国平均水平，中等、中高及高收入组农户收入的年平均增长率要高于全国平均水平。低收入组农户收入年平均增长率比全国平均水平低1.71个百分点，中低收入组农户收入年平均增长率比全国平均水平低0.44个百分点，中等收入组农户收入年平均增长率比全国平均水平高0.03个百分点，中高收入组农户收入年平均增长率比全国平均水平高0.40个百分点，高等收入组农户收入年平均增长率比全国平均水平高0.37个百分点。

表2-3 2000~2015年不同收入组农户收入水平及增长率（单位：元、%）

年份	全国平均水平		低收入户		中低收入户		中等收入户		中高收入户		高收入户	
	收入	增长率	收入	增长率	收入	增长率	收入	增长率	收入	增长率	收入	增长率
2000	2 253	—	802	—	1 440	—	2 004	—	2 767	—	5 190	—
2001	2 366	5.02	818	2.00	1 491	3.54	2 081	3.84	2 891	4.48	5 534	6.63
2002	2 476	4.65	857	4.77	1 548	3.82	2 164	3.99	3 031	4.84	5 903	6.67
2003	2 622	5.90	866	1.05	1 607	3.81	2 273	5.04	3 207	5.81	6 347	7.52
2004	2 936	11.98	1 007	16.28	1 842	14.62	2 578	13.42	3 608	12.50	6 931	9.20
2005	3 255	10.87	1 067	5.96	2 018	9.55	2 851	10.59	4 003	10.95	7 747	11.77
2006	3 587	10.20	1 182	10.78	2 222	10.11	3 149	10.45	4 447	11.09	8 475	9.40

续表2-3

年份	全国平均水平		低收入户		中低收入户		中等收入户		中高收入户		高收入户	
	收入	增长率	收入	增长率	收入	增长率	收入	增长率	收入	增长率	收入	增长率
2007	4 140	15.42	1 347	13.96	2 582	16.20	3 659	16.20	5 130	15.36	9 791	15.53
2008	4 761	15.00	1 500	11.36	2 935	13.67	4 203	14.87	5 928	15.56	11 290	15.31
2009	5 153	8.23	1 549	3.30	3 110	5.96	4 502	7.11	6 468	9.11	12 319	9.11
2010	5 919	14.87	1 870	20.72	3 621	16.43	5 222	15.99	7 441	15.04	14 050	14.05
2011	6 977	17.87	2 001	7.01	4 256	17.54	6 208	18.88	8 894	19.53	16 783	19.45
2012	7 917	13.47	2 316	15.74	4 807	12.9	7 041	13.42	10 142	14.03	19 009	13.26
2013	8 896	14.03	2 877	28.08	5 965	27.22	8 438	22.51	11 816	18.82	21 323	13.79
2014	9 892	12.58	2 768	-4.74	6 604	13.29	9 503	15.13	13 449	16.10	23 947	13.80
2015	10 772	9.89	3 085	11.03	7 220	10.33	10 310	9.56	21 323	66.64	26 013	9.69

资料来源：根据《中国统计摘要》《中国统计年鉴》（1999~2016）有关数据计算得到。

（二）不同收入组农户收入来源结构、增长率及不同收入来源贡献率差异分析

2002~2012年按纯收入五等份划分的农户收入的来源结构、增长率以及不同收入来源贡献率的变动状况如表2-4所示。

表2-4 2002~2012年不同收入组农户收入结构、增长率及不同收入来源贡献率（单位：%）

收入组	年份	工资性收入			家庭经营性收入			财产性收入			转移性收入		
		比重	增长率	贡献率	比重	增长率	献率	比重	增长率	贡献率	比重	增长率	贡献率
低收入	2002	26	–	–	70	–	–	1	–	–	3	–	–
	2003	27	3	77	68	-2	-106	2	103	85	3	16	44
	2004	26	14	22	68	16	66	2	11	1	4	52	10
	2005	30	22	95	62	-3	-36	2	35	9	6	46	32
	2006	33	20	56	59	5	31	2	-9	-2	7	27	14
	2007	33	16	37	57	10	42	2	50	6	8	30	14
	2008	35	18	53	52	2	8	2	3	1	11	57	38
	2009	36	6	67	50	-2	-28	2	-16	-10	13	22	71
	2010	36	20	35	50	22	54	2	71	6	11	9	5
	2011	43	27	142	41	-12	87	3	12	4	13	26	41
	2012	43	15	42	41	14	36	2	6	1	14	25	21

续表2–4

收入组	年份	工资性收入			家庭经营性收入			财产性收入			转移性收入		
		比重	增长率	贡献率	比重	增长率	献率	比重	增长率	贡献率	比重	增长率	贡献率
中低收入	2002	29	—	—	67	—	—	1	—	–	3	—	—
	2003	30	6	49	66	2	41	1	52	13	3	-4	-3
	2004	29	12	25	66	14	64	1	19	2	4	49	9
	2005	33	24	74	61	2	13	2	21	3	4	29	10
	2006	37	21	70	57	3	17	1	1	0	5	32	13
	2007	38	19	43	55	13	45	2	46	4	5	24	7
	2008	37	13	36	54	11	43	2	-4	-1	7	57	22
	2009	39	10	60	52	2	16	2	8	2	8	18	22
	2010	40	19	45	50	14	43	2	48	5	8	15	7
	2011	42	25	57	47	10	30	2	15	2	8	25	11
	2012	43	15	47	46	10	36	2	1	0	9	26	17
中等收入	2002	33	—	–	–	63	–	–	1	–	3	–	–
	2003	35	11	73	73	61	2	19	2	40	3	-1	-1
	2004	33	7	19	19	62	16	73	1	11	3	33	7
	2005	37	22	69	69	58	3	18	2	21	4	30	9
	2006	39	18	63	63	55	5	27	2	12	4	23	9
	2007	40	18	43	43	54	14	48	1.8	27	5	22	6
	2008	40	16	43	43	52	10	35	2	24	6	61	19
	2009	41	11	60	60	50	3	23	2	6	7	17	16
	2010	43	20	52	52	48	12	36	2	40	7	17	7
	2011	44	22	51	51	46	14	37	2	18	8	28	11
	2012	45	17	55	55	44	9	32	2	1	8	23	13

续表2-4

收入组	年份	工资性收入			家庭经营性收入			财产性收入			转移性收入		
		比重	增长率	贡献率	比重	增长率	献率	比重	增长率	贡献率	比重	增长率	贡献率
中高收入	2002	36			59			1			3		
	2003	38	11	68	57	2	25	2	35	8	3	−1	0
	2004	36	7	22	59	15	71	2	16	2	3	19	5
	2005	38	18	58	56	5	29	2	28	5	4	27	8
	2006	41	17	60	53	6	28	2	13	2	4	26	9
	2007	42	19	49	51	12	41	2	27	4	5	23	6
	2008	42	16	44	50	12	39	2	15	2	6	50	15
	2009	43	12	58	48	5	25	2	8	2	7	23	15
	2010	44	17	50	47	12	39	2	29	4	7	15	7
	2011	46	24	55	44	14	33	2	14	2	8	29	10
	2012	47	17	57	43	10	31	2	12	2	8	21	11
高收入	2002	41			51			3			5		
	2003	41	8	40	51	7	50	4	27	12	5	-3	-2
	2004	40	9	39	51	10	53	4	11	5	4	7	3
	2005	40	I	36	51	12	51	4	12	4	5	24	9
	2006	41	13	55	49	5	28	4	18	8	5	18	9
	2007	40	12	33	50	16	52	5	26	7	6	23	8
	2008	40	15	40	49	13	44	5	18	6	6	30	11
	2009	41	10	46	47	5	26	5	18	9	7	28	19
	2010	42	18	51	46	11	37	5	11	4	7	14	8
	2011	41	18	39	46	21	50	5	13	3	8	21	8
	2012	43	17	52	45	9	32	5	12	4	8	20	11

资料来源：根据《中国农村统计年鉴》（2003~2013）有关数据计算得到。

具体分析如下：

1. 组内变化分析

低收入组农户工资性收入的比重由26%增加到43%，增加了17个百分点，平均贡献率为63%，平均增长率为16%;家庭经营性收入的比重由70%降低到41%，减少了29个百分点，平均增长率与平均贡献率均最低，分别为5%和-2%。

中低收入组农户工资性收入的比重由29%增加到43%，增加了14个百分点，平均贡献率为51%，平均增长率为16%。家庭经营性收入的比重由67%降低到46%，减少了21个百分点，平均贡献率为34%，平均增长率为8%。

中等收入组农户工资性收入的比重由33%增加到45%，增加了12个百分点，平均贡献率为53%，平均增长率为16%。家庭经营性收入的比重由63%降低到44%，减少了19个百分点，平均贡献率为35%，平均增长率为9%。

中高收入组农户工资性收入的比重由36%增加到47%，增加了11个百分点，平均贡献率为52%，平均增长率为16%。家庭经营性收入的比重由59%降低到43%，减少了16个百分点，平均贡献率为37%，平均增长率为9%。

高收入组农户工资性收入的比重一直维持在40%~43%之间，平均贡献率为43%，平均增长率为12%。家庭经营性收入的比重由51%降低到45%，降低了6个百分点，平均贡献率为42%，平均增长率为11%。

财产性收入和转移性收入在各组内占农民收入的比重较小，增长率虽较高，但贡献率较低。

2. 组间变化分析

工资性收入占人均纯收入的比重总体上随着农户人均纯收入的提高而上升，农户人均收入水平越高，工资性收入所占比重就越高。从平均增长率来看，高收入组较低，为12%；其他组相同，为16%。从平均贡献率来看，低收入组的最高，为63%，其他依次为：中等收入组53%；中高收入组52%；中低收入组51%；高收入组43%。

家庭经营性收入占人均纯收入的比重与工资性收入占人均纯收入的比重变化趋势正好相反，随农户人均收入水平的提高而降低。从平均增长率来看，高收入组的最高，为11%，其他依次为：中高收入组9%;中等收入组9%;中低收入组8%;低收入组5%。从平均贡献率来看，高收入组的最高，为42%，其他为：中高收入组37%;中等收入组35%;中低收入组35%;低收入组-2%。

财产性收入和转移性收入在各组内占农民收入的比重随农户人均收入水平的变化趋势不规律，时高时低。

综上所述，不同收入组农户收入的收入水平、增长率、来源结构以及不同收入来源贡献率的变动差异较大。

第一，从收入水平来看，不同收入组农户的收入绝对额都呈现持续上涨态势，但因低收入组的增速慢于高收入组的增速，而使得高、低收入组的差距不断扩大。2000年高收入组农户的人均收入是低收入组的6.47倍，至2012年扩大至8.21倍。

第二，从收入的增长率来看，各组的财产性收入和转移性收入的增长率较大，其次是工资性收入，家庭经营性收入的增长率最低。工资性收入增长率随农户人均纯收入的提高而减小，家庭经营性收入增长率随农户人均纯收入的提高而增加。

第三，从收入的来源结构看，各组农户收入的主要来源均是工资性收入和家庭经营性收入，而且工资性收入所占比重不断上升，家庭经营性收入所占比重不断降低。各组间，工资性收入的比重总体上随着农户人均纯收入的提高而上升，家庭经营性收入占人均纯收入的比重随着农户人均纯收入的提高而下降。

第四，从不同收入来源对农民人均纯收入的贡献来看，工资性收入对各组农民人均纯收入的贡献率最高，其次是家庭经营性收入。财产性收入和转移性收入的贡献率较小。各组间，工资性收入的贡献率随农户人均纯收入的提高而降低，家庭经营性收入的贡献率随农户人均纯收入的提高而增加。

第三节　农民收入增长滞缓的原因

改革开放至今，我国农民收入虽然总体水平有所提高，但与城镇居民的收入相比水平较低，且增长滞缓。城乡间、地区间以及农户间收入差距均在不断扩大。这对我国农村经济和社会的和谐发展，乃至整个国民经济和社会的和谐发展都极为不利。因此，促进农民收入增长已经成为我国农村经济工作的头等大事。要想彻底改变我国农民收入水平低、增长缓慢的现状，就要搞清楚我国农民收入增长滞缓的原因。本书将从农业内部因素与外部因素两个方面分析该原因。

一、农业内部因素

从农业内部看，我国农业面临自然资源匮乏、基础设施薄弱、农村劳动力数量较多、受教育程度较低、农业利润空间不断缩小等诸多不利条件，这些因素阻碍了我国农业的发展和农民收入的增长。

（一）农业自然资源匮乏

我国的农业是一种典型的资源约束型农业。一方面，随着城镇化的不断发展以及沙漠化、盐碱化等环境因素，我国的耕地面积在不断减少。1978年我国的耕地面积为14.91亿亩，1995年减少到14.25亿亩。1996年为19.51亿亩，这一年耕地面积突增主要是由于

1997年进行的第一次农业普查中耕地面积数据的计算单位和统计口径的变化而造成的，实际面积并没有增加。2009年我国耕地面积减少为18.26亿亩，据2013年12月30日公布的第二次全国土地调查主要成果，我国耕地比原来（2009年）掌握的数据多出2亿亩，至2012年底全国耕地面积为20.27亿亩。国土资源部副部长、国务院第二次全国土地调查领导小组办公室主任王世元在国务院新闻办公室举行的发布会上表示，全国耕地调查数据虽有所增加，但实有耕地还是那么多，必须继续实行最严格的耕地保护制度。我国农村人口数量的不断下降（据《中国统计年鉴2016》显示，2001年，我国农村人口79 563万人，而2015年则降为60 346万人，即15年间，我国农村人口减少了近2亿人），但农民人均耕地面积并没有增加。1996年农民人均耕地面积为2.26亩，2013年仍为2.26亩，这个水平与发达国家相比差距甚远。例如，日本也是典型的人多地少的国家，但是日本政府从20世纪50年代以来一直致力于农村土地的流转。2004年日本农户家庭户均耕地面积达到23.1亩，农民人均耕地面积达到14.55亩。而且，粮食单产水平在目前技术水平没有新突破的情况下不可能有较大幅度的提高，所以在较小的土地规模上农民难以致富。

另一方面，在影响粮食生产的诸要素中，水资源的增产效用最为显著。平均每亩水浇地的收益是旱地的2~4倍。但我国水资源尤其是淡水资源短缺，耕地的有效灌溉面积只占总面积的48.7%。而且我国的水资源还具有分布不均、旱涝频繁的特点。可见，农民要想通过农业增产来增收，将受到耕地资源和水资源“瓶颈”的制约。

（二）农业基础设施薄弱

目前我国的农业基础设施较为薄弱，尤其是水利设施老化陈旧的现象较为普遍，致使农业抵御自然灾害的能力较弱，农业生产持续发展得不到有效保障。

目前，我国农业生产靠天吃饭的局面没有得到根本改变。现有的农田水利设施大部分是20世纪五六十年代修建的，很多地方的农田水利设施已经老化，损毁现象较为严重，灌不进、排不出的问题十分突出。我国农业基础设施薄弱直接导致农业生产的抗灾能力下降，严重制约了农业综合生产能力的提高。国家统计局统计数据显示，2015年，我国农作物的受灾面积达到21 769.8千公顷，其中旱灾受灾面积为10 609.7千公顷，洪涝、山体滑坡、泥石流和台风受灾面积为7 341.3千公顷，风雹灾害受灾面积为2 918.0千公顷，低温冷冻和雪灾受灾面积为900.3千公顷。

（三）劳动力受教育程度偏低

从质量上来看，农村劳动力的受教育程度普遍较低。统计数据显示，改革开放三十余年，尽管我国农村劳动力受教育程度有了长足的提高，但与发达国家相比差距依然较大。2015年，我国农村劳动力中，不识字或识字很少的占5.30%，小学程度的占26.07%，初中程度的占53.03%，高中文化程度的占10.01%，中专程度的占2.66%，大专及以上文化程度的仅占2.93%；荷兰90%以上的农民受过中等教育，12%受过高等农业院校教育；法国的青年农民中60%受过中专教育；德国7%的农民受过大学教育；日本74.8%的农民受过中等教育。由于我国农村劳动力受教育程度普遍较低，缺乏劳动技能，农民较难获得非农就业机会。即使获得就业机会，大多数农民从事的工作也是简单的体力劳动，工资水平非常低。另外，随着我国工业化和城镇化建设的不断推进，农村大量青壮年劳动力外出务工，滞留在农村的劳动力多数是老人和妇女。这些劳动力的文化程度相对较低，且生产手段落后、经营管理粗放、生产与科技相脱节等现象普遍存在，直接影响农民收入的增长和农村经济的发展。

（四）粮食作物利润空间不断缩小

近年来，受国际原油价格的影响，以化肥和柴油为首的农资价格上涨过高、过快，加之近年来物价水平总体提高，加大了粮食的生产成本，致使其利润空间不断缩小。

据《全国农产品成本资料汇编（2013）》的统计数据，2004~2015年，我国三种粮食（稻谷、小麦和玉米）平均每亩的总成本由395.45元上升到1 090.04元，增加了694.59元，增长了1.76倍；生产成本由341.38元上升到872.28元，增加了530.9元，增长了1.56倍。而同期，我国三种粮食平均每亩的产量由404.8公斤增加至467.41公斤，仅增加了62.61公斤。三种粮食平均每亩的净利润由196.50元降低到19.55元，减少了176.95元，当然，由于2015年受政策、自然环境等多方面因素影响，该年份的数据与往年相比显示为异常，因此可采用2014年的净利润数据做对比，此时三种粮食平均每亩的净利润由196.50元降低到124.78元，减少了71.72元，仍然出现大幅的下降。成本利润率由49.69%下降到2014年的11.68%，下降了38.01%（见表2-5）。另外，随着我国加入WTO后，农业竞争不断加剧，农产品价格很难持续上涨。这些因素都将降低农业生产给农民带来的收益，从而影响了农民收入的增加。

表2-5 2004~2015年我国三种粮食产量、成本与利润情况

年份	产量（千克）	总成本（元）	生产成本（元）	净利润（元）	成本利润率（%）
2004	404.8	395.45	341.38	196.50	49.69
2005	393.1	425.02	363.00	122.58	28.84
2006	403.9	444.90	376.65	154.96	34.83
2007	410.8	481.06	399.42	185.18	38.49
2008	436.6	562.42	462.80	186.39	33.14
2009	423.5	600.41	485.79	192.35	32.04
2010	423.5	672.67	539.39	227.17	33.77
2011	442.0	791.16	641.41	250，76	31.70

续表2–5

年份	产量（千克）	总成本（元）	生产成本（元）	净利润（元）	成本利润率（%）
2012	451.4	936.42	770.23	168.40	17.98
2013	444.67	1 026.19	844.83	72.94	7.11
2014	470.93	1 068.57	864.43	124.78	11.68
2015	467.41	1 090.04	872.28	19.55	1.79

资料来源：《中国农村统计年鉴》（2004~2016）。

（五）农业投入严重不足

农业是人类生存必需品的生产部门，是人类生存和发展的基础。它不仅为一国的粮食安全提供了保障，还为国民经济其他部门的发展做出了诸如产品、市场和要素的贡献，是国民经济的基础部门。但同时农业也是个弱质性产业，抵御自然风险和市场风险的能力较弱。农业的弱质性极大地制约了农民收入的增长。要发展农业，提高农民收入，就要提高对农业的投资力度。我国农业发展所需要的资金主要来源于国家财政投入和农民个体投入两部分。从目前的情况来看，二者对农业的投入都严重不足。

1. 国家财政支农水平低

国家财政支农项主要包括农业基础设施建设、农业科技三项、农村救济以及其他各项农村社会事业。国家财政对农业各项事业的投资对农民收入增长都起到非常重要的作用。改革开放以来，国家财政支农的投资总额虽不断上涨，但在国家财政总支出中支农资金所占的比重却呈下降趋势。据国家统计局的统计资料显示，1978年国家财政支出总额为1 122.09亿元，其中支农支出为76.95亿元，仅占国家财政总支出的6.86%。至2015年年底，国家财政支出总额为175 877.77亿元，支农支出仅占国家财政总支出的9.88%。

2. 农民个体的农业投资增长趋缓

农民个体农业投资增长趋缓对农民收入的影响主要体现在农民收入较低，制约着农民对农业再生产的投资上。我国的小农经济决定了农民投资的能力十分有限，主要是年农业生产费用的支出，如种子、农药、化肥等。近年来，由于农民收入增长速度滞缓，农民对农业收入预期不高，导致农民扩大农业再生产的积极性不高。2001年我国农户家庭平均每人的支出为2 652.4元，其中家庭经营性支出占总支出的比重为24.7%，购置生产性固定资产支出的比重为2.4%。至2015年，我国农户家庭的总支出为9 605.5元，其中家庭经营性支出占总支出的比重为27.3%，购置生产性固定资产支出的比重为2.8%。15年间我国农民家庭平均每人总支出增加了6 953.1元，但家庭经营性支出占总支出的比重仅增加了2.6%，购置生产性固定资产支出的比重仅增加了0.4%。我国农户家庭农业投资增长趋缓，农民的农业生产积极性不高，这既不利于农业的发展，也不利于农民收入的增长。

二、农业外部因素

我国农民收入增长滞缓除了受农业内部因素的影响外，还受诸如经济的发展战略、农村非农产业和城镇化发展程度以及市场和制度等农业外部因素的影响。

（一）相关制度存在缺陷，影响农民收入增长

1. 城乡分割的“二元”体制，影响农民收入增长

城乡分割的“二元”户籍制度以及由此衍生的“二元”就业、社会保障等一系列制度因素造成了农民进城就业难，且无法享受到和城镇居民一样的就业权利，致使城乡居民的收入差距不断扩大。农民进入城市就业，通常承担最繁重的工作，而且不能被纳入当地的社会保障体系，这使得农民工很难真正成为城镇人口，而只能候鸟式地迁徙。虽然近年来大多数城市放宽了户籍政策，但是农民工进城务工仍然无法纳入城市的社会保障体系，而且农民工子女在城市的教育费用较高，致使相当一部分农民无法外出打工，严重制约了农民非农收入水平的提高。

2. 土地制度不健全，影响农民收入增长

目前，我国农村土地产权制度不健全，农民的土地收益权受到损害。土地在转为非农用地以后，会产生巨大的级差收益，这个级差收益是土地所有权的收益，其中农民应该得到合理的部分。但是这部分收益农民却没能得到。此外，在土地流转过程中，地方政府没有充分考虑城镇目前吸纳农村劳动力的能力以及农村社会保障制度的缺失，一味地加强农地流转，希望尽快实现土地的规模化经营，这是不现实的。农民丧失土地以后，进入城市务工，土地的保障作用不再存在，一旦农民失业，将陷入“种田无地、就业无岗、社保无份”的困境，这极不利于农民收入的稳定增长和整个社会的和谐发展。

3. 农村金融制度不健全，影响农民收入增长

目前我国农村金融体系还存在许多问题，致使农村资金需求与供给矛盾非常突出。首先，农户对资金的需求具有季节性、短期性和小额性的特点，这造成了金融机构的高风险和低利润。农业银行等商业性银行是以利润最大化为目标的，不愿向农户发放贷款。而政策性金融机构——农业发展银行对农业的支持政策仅限于粮棉油收购资金的流通领域，不能满足2亿多农户对农业生产资金的极大需求。这就致使农户的资金需求大于金融机构的供给，农村出现严重的资金短缺。其次，农村资金大量外流。农业银行和农村信用社的贷款中，有相当部分投入到非农产业中去，造成了农村资金在农村的利用率极为低下，制约了农村经济的发展。

4. 农村社会保障制度不健全，影响农民收入增长

社会保障是保障城乡居民基本民生、促进社会和谐发展、实现共享发展成果的保障制度。目前，城镇已基本建立起了城镇职工基本养老保障制度、基本医疗保障制度、失业保障制度以及最低生活保障制度，社会保障体系相对较为完备。而在农村虽然也初步实行了最低生活保障制度、新型农村合作医疗制度以及五保供养制度等农村居民社会保障制度，但与城镇相比，农村的社会保障体系仍不健全，且各项社会保障制度的保障水平都较低。此外，由于目前农村从事农业生产的大多是60岁以上的不能外出务工的农民，他们绝大多数没有享受到农村社保，除了家中的几亩耕地外没有其他收入来源，因此，他们不会轻易将手中的土地进行流转。这对农村实行土地规模化经营极为不利。

（二）工业化初期的经济发展战略，牺牲了农业和农民的部分利益

中华人民共和国成立初期，我国根据自身的国情和所面临的国际环境制定了优先发展工业的经济发展战略。在这一战略思想的指导下，我国以牺牲农业和农民的利益为代价换取了工业部门的发展。优先发展工业化的战略虽然推动了我国经济的较快发展，同时也造成了我国工业和农业、城市和农村发展的不均衡。

一方面，工业化倾向的发展战略通过工农产品价格“剪刀差”，从农业部门为工业部门的发展吸取了大量的资金。所谓“剪刀差”是指工农业产品在进行交换时，工业品的价格要高于其价值，而农产品的价格要低于其价值，从而在两者之间形成了一个不合理的价格差距。这一价格差距就称为“剪刀差”。通过工农产品的这种不平等交易，大量农业财富被转移到了工业部门，从而为我国工业化进程进行了原始积累。据有关学者统计，1978~1991年期间，我国的工农产品“剪刀差”累计数额高达12 319.5亿元。另一方面，工业化倾向的发展战略通过农业税的形式从农民手里为工业部门的发展吸取了大量的资金。所谓农业税是指国家对从事农业生产的单位和个人所征收的一种税，民间俗称公粮。我国是农业大国，农业税是农民负担的主要来源。我国政府于2004年开始实行减征或免征农业税的惠农政策，直至2006年农业税才被全面取消。据估计，税收减免和取消农林特产税使农民每年少交了约300亿元。

近年来，工农产品价格的扭曲虽然有所纠正，农民也从农村制度的改革与创新中得到不少实惠，但农业和农村资源外流的现象仍未能得到有效的阻止和扭转，而且有加大的趋势。

（三）城镇化发展滞后，抑制农村剩余劳动力转移

城镇化是指农村人口城镇化的过程，即农村人口向城镇人口转移的过程，因此，通常用一个国家（或地区）城镇人口占该国家（或地区）总人口的比重来衡量该国家（或地区）城镇化水平的高低。城镇人口占总人口的比重越大，说明城镇化水平就越高；反之，城镇人口占总人口的比重越低，则城镇化的水平也就越低。

城镇化是世界各国在工业化进程中必然经历的阶段。1978年我国的城镇化水平很低，仅为17.92%。2016年我国的城镇化水平为57.35%。经过30多年的发展，虽然我国的城镇化水平有较大的提高，但与世界的平均水平相比仍然较低，与发达国家的城镇化水平相比差距就更远了。目前，世界城镇化的平均水平已经近60%。马来西亚和菲律宾的国民收入水平与我国的国民收入水平差不多，但城镇化水平都达到70%以上；日本、韩国的城镇化水平都已经超过了75%。西方发达国家的城镇化水平更高，英国的城镇化水平已经超过了80%。较低的城镇化水平严重制约了我国农村剩余劳动力的转移，同时也抑制了农民非农就业增收的空间。

（四）农民的组织化程度低，影响农民收入增长

受经济、政治、法律、文化等诸多因素的影响，我国农民专业合作经济组织发展较慢。截至2016年6月底，我国有农民专业合作社166.9万家，且地区之间发展不均衡，农户的参与率不高，实有入社农户仅占全国农户总数的42.7%，尚不足一半。农民的这种低组织状态不仅使得分散的农户购买生产资料时的生产费用和销售农产品时的交易费用较高，而且分散的农户由于规模小、实力弱，进入市场时很难占据谈判的主导地位。由于缺乏话语权，农民的利益极易遭受中间商贩的侵蚀。农民的组织化程度低阻碍了农民收入的增长。

第三章　城镇化进程对农民增收的影响

第一节　城镇化概述

一、城镇化与城市化概念

现有文献资料中既有“城镇化”，也有“城市化”的表述。“城镇化”和“城市化”均来自于英文urbanization，从内涵上来说两者没有本质区别。1991年，辜胜阻在《非农化与城镇化研究》中首次使用了“城镇化”，后来，他极力推广“城镇化”这一中国特色的概念，并受到广泛关注。我国的城市行政建制与国外不同，我国的城市包括建制镇和建制市，建制镇是指经省、自治区、直辖市人民政府批准设立的镇，建制市有直辖市、副省级城市、地级市、县级市四个行政级别。实际上，我国的城市是由城市和城镇两部分构成的。我国的《城市规划基本术语标准》指出：城市是指以非农业和非农业人口聚集为主要特征的居民点。包括按国家行政建制设立的市和镇。所以，建制镇也属于城市的范畴。总体上来说，“城镇化”要比“城市化”更加符合我国国情。

1982年，中国建筑学会城市规划学术委员会区域规划与城市经济学组在南京召开的“中国城镇化道路问题学术讨论会”上，就明确指出“城镇化”与“城市化”本质上是相同的，并提出使用“城镇化”代替“城市化”。1999年，十五届四中全会通过的《中共中央关于制定国民经济和社会发展第十个五年计划的建议》中正式使用了“城镇化”这一概念。2001年，《中华人民共和国国民经济和社会发展第十个五年计划纲要》首次提出“要不失时机地实施城镇化战略”。“城镇化”这一具有中国特色的城市化概念正式代替了“城市化”。

二、城镇化的内涵

城镇化是社会生产力发展的必然产物，是经济、社会、生态、文化，以及人类生活方式、生产方式和居住方式等多方面变化的动态过程。由于城镇化自身的多元性、复杂性以及研究对象的多学科性，因此学者们从不同的角度、方法与目的出发，对其概念的定义是不同的。经济学家、地理学家、人口学家和社会学家分别从各自学科的视角对城镇化进行了深入的研究，并获得了丰硕的学术成果。

经济学家基于经济与城市的发展关系，强调城镇化是乡村经济转变为城市经济，农业经济结构转变为非农业经济结构，并将城镇化定义为：各种非农产业发展的生产要素向城市流动，第二、第三产业不断发展，农村剩余劳动力离开原来的农业经济转向城镇的非农业经济，使第一产业人口数量下降，第二、第三产业人口数量上升，进而导致城镇的数量不断增多，规模不断扩大，现代化水平不断提高。

地理学家则从地域空间上的变化进行定义，认为城镇化是城乡经济、人文关系等在空间区位上的变化，并呈现出逐渐向城镇集聚的过程。具体来看是指第二、第三产业的经济区位向城镇的空间聚集，并在该基础上形成消费地域，进而导致各种经济用地、生活用地的建设过程，同时他们也强调城镇化是由社会生产力发展而引起的农村人口转变为城镇人口的过程。

人口学家通过观察城镇人口数量的变化、城镇人口的比重以及城镇人口的规模分布情况，指出城镇化就是农村人口向城镇集聚并逐渐转变为城镇人口的过程。威尔逊在《人口辞典》中对比的解释是：“人口城市化是指居住在城市地区的人口比重上升的现象。”

社会学家以人与人之间关系网的密度、深度和广度为对象，指出城镇化是以农村为主体的生活方式逐渐向城市社会生活方式转变，即“城镇性”生活方式得到不断的发展。所以，城镇化也被认为是由“农村性”生活方式转变为“城镇性”生活方式的过程，以及其所带来的各种社会成果。沃斯曾指出：城市化意味着乡村生活方式向城市生活方式发生质变的全过程。

综上所述，城镇化是一个以人为核心的、以产业为动力的，伴随着生产力的发展，由传统社会发展为现代文明社会，并产生农村劳动力等各生产要素向城镇集中，进而影响空间地域结构的历史过程。城镇化发展的内涵不光是农村人口简单地向城镇转移、农业人口转化为非农业人口的过程，更强调的是产业结构及其空间分布结构的转换。因此，城镇化的发展内涵可以概括为：经济城镇化、土地城镇化、人口城镇化和社会城镇化。

（一）经济城镇化

经济城镇化是指经济关系活动以及生产方式日益向城镇集聚，经济结构的非农化过程。主要表现为：要素集聚，物质资本、人力资本等生产要素会不断集聚于城镇；生产集聚，主要是第二、第三产业的集聚；交换集聚，城镇为人们提供了便利的交通设施、功能完善的市场体系等有利条件。

（二）土地城镇化

土地城镇化表示一定地域内的人口规模、产业结构环境等由分散到集中、由简单到复杂的转换过程，一般用城镇建成区面积来标志。它一方面是指乡村的城镇化发展，即乡村地区变为城镇地区。那些不是城镇的地域出现了非农业生产经济活动，居民居住区位不断集中、城镇功能不断扩大的现象。另一方面是指城镇的进一步发展，即城镇区域内部的差异转化。在那些已经是城镇的地域上，人口和经济活动密度进一步提高，就业和生活方式日趋多样化，城镇现代化功能更加完善。

（三）人口城镇化

人口城镇化即农村人口聚集到城镇地区或农业人口向非农业人口转移，城镇人口与总人口的占比逐渐提高的过程。

（四）社会城镇化

社会城镇化表示随着人们社会身份、角色的变化，他们的思想观念、道德意识、行为方式等方面都会发生转变，既包括进入城镇的农民，也包括城镇周围农村居民的生活方式、习惯等方面发生的改变。

从我国近年城镇化发展形势来看，主要走的是土地城镇化之路，城镇建设面积越来越大，越来越多的农业用地被征用。但是，农村居民真正转变为城镇居民的却不多，导致很多地方“空城”“鬼城”的出现。一味地通过政府政策，征地用地建设城镇化，缺乏对人口城镇化的发展，不是我国城镇化发展的长远政策。

三、我国城镇化进程中的农民增收理论

（一）发展小城镇促进农民增收

农民问题的核心是农民富裕，其关键在于农民收入增长。从我国的实际发展情况来看，不能仅从农业产量增加的角度来解决农民的收入问题。要想从根本上解决这个问题，除了要在“农”字上动心思外，还要在“农”字以外下功夫，从城市化中找出路。

统筹城乡经济社会发展，缩小城乡居民收入差距，增加农民收入的最主要任务之一是加速中国的城镇化发展。因为通过城镇化的发展，一方面减少了现有的农村人口数量和农村劳动力，另一方面可以扩大农产品需求市场。尤其是城镇化的发展促使大量的农村劳动力由生产率低下的传统农业部门转移到生产率高的城市工业部门，可以从根本上改变我国的城乡二元经济结构，实现城乡经济的统筹发展，从而提高农民收入。另外，城镇化的发展还可以创造出更多的就业岗位，特别是第三产业的发展，为农村剩余劳动力提供了就业机会，从而增加农民收入水平。城镇化水平越高，农民收入越高。

提高城镇化水平是农民增收的关键。从我国的情况出发，我们应该坚持大中小城市和小城镇的协调发展，并以县城和中心城镇为重点，推进小城镇的发展。在以县域城镇

和中心镇为核心的小城镇发展过程中，应依托乡镇企业推动小城镇的发展。虽然乡镇企业在其发展中出现了一些问题，但是，乡镇企业仍然是转移农村劳动力、促进小城镇发展和增加农民收入的重要渠道。加速小城镇的发展建设，以小城镇的集聚能力将分散的乡镇企业集中到一定区域内，既解决了乡镇企业发展中的一些问题，也进一步地推进了小城镇发展，从而带动农村地区的经济和社会发展，提高农民的收入。小城镇的发展一方面能够减少现有农村人口的数量和劳动力，另一方面可以扩大农产品需求市场，可以从减员、增产等多方面增加农民的收入。

（二）农村劳动力转移促进农民增收

城镇化的目的之一就是农村剩余劳动力的转移，农村剩余劳动力的转移是我国农村城镇化的目的与手段。通过对我国农民工就业过程、就业方向以及改革开放以来的国家经济发展阶段进行综合考察，可知城镇化在解放发展农村劳动力、转移农村剩余劳动、创造就业岗位吸纳劳动力就业等方面发挥着无可替代的作用。尤其是目前我国正处于城镇化快速发展阶段，充分利用好这一阶段，加快农村劳动力向城镇转移，既顺应了城镇化发展的一般规律，也是对农村劳动力的价值的充分利用并促进农民收入的提高。

农村人口的流动、剩余劳动力的转移不仅带来了农村的发展，而且大幅度地增加了农民的收入，已成为贫困地区脱贫致富的重要途径。长期以来，我国农业生产人多地少，人均耕地的占有面积远远低于世界平均水平，人地矛盾尖锐，农业经济效率低下，严重制约了农村经济的发展，因此，加速农村劳动力的流动是迫切需要的。

由于我国农村剩余劳动力数量庞大，因此必须实行多元化的方式、多向分流的思想，其中“前景最广阔、现实性最强的就是促进农民向农村小城镇发展”，也就是实现我国的农村劳动力在县域范围内的城镇转移。同时，“随着现代社会经济的发展和产业结构升级，城市的发展动力越来越依赖于服务业的发展。……而服务业则是这些城市吸收流动劳动力的主要领域”。因此，城市中的第三产业是农村劳动力转移的另一出路。有关研究表明：在20世纪的最后20年，劳动力流动对经济的贡献率在1.5个百分点左右。因此，在加快城镇化进程中，积极促进农村剩余劳动力转移，是我国经济持续增长的重要着力点，也是我国农业增效、农民增收的重要着力点。

因此，在城镇化进程中，应着力发展农村小城镇，加速农村地区的发展，并以就地转移为主、异地转移为辅，调节农村劳动力的流量和流速，推动农村地区的经济、社会发展以及农民收入的增加。

第二节　城镇化进程中农民增收现状及制约因素分析

一、城镇化进程中的结构失衡及对农民增收的影响

我国的城镇化结构包括两个方面：一方面，从城镇化发展内涵来看，城镇化发展结构可以分为人口城镇化发展、土地城镇化发展、经济城镇化发展和社会城镇化发展四方面；另一方面，从我国城镇化的发展道路来看，城镇化道路可以分为大中城市的发展道路、小城镇的发展道路。在我国城镇化发展进程中出现了明显的结构不协调问题，一是土地城镇化的发展过快，其发展速度明显高于人口城镇化，经济城镇化又滞后于土地城镇化和人口城镇化；二是城乡流动人口和农村劳动力大都集中于大中城市，使得大中城市的城镇化水平急剧上升，区域内城镇发展的“点”“面”失衡，造成城镇化发展严重脱节。大中城市发展速度过快，“鹤立鸡群”，却并没有带动周围区域中小城镇的发展。而流动人口过分集中于大中城市的结果，就是出现了严重的“城市病”。

（一）土地城镇化“冒进”对农民增收的影响

2007年，由陆大道、姚士谋等人发布的《关于遏制冒进式城镇化和空间失控的建议》中提到：城镇化速度虚高，“土地城镇化”的速度太快，并大大快于人口城镇化。过去十几年，从全国大部分城镇的发展情况来看，除了人口城镇化率大幅度提高以外，土地也在经历着快速的城镇化，出现了城镇化以土地外延式、冒进式扩张为主要特征的变化。2001年来我国城镇化发展中的空间结构失控现象就非常严重。一些地方将城镇化发展简单地看作是城镇数量的增加、城镇建成区面积的扩张、城镇居民人口数的上升，认为发展城镇就是大兴土木，修宽路、盖高房，盲目发展，奢侈用地。

分税税收制度改革的不彻底和以土地资本化为原始动力的城镇化发展，是造成我国人口城镇化与土地城镇化的不平衡，人口城镇化滞后于土地城镇化的主要原因。之所以会出现这样的情况是因为，一方面，在分税体制改革以后，事权和税权的不统一，使得地方政府滋生了以土地的财产收入来弥补政府收入的做法；另一方面，《中华人民共和国土地管理法》规定，农村集体所有地在“公共利益”下可以被国家强制性征用（收）。土地冒进式地城镇化发展，使得各地都在搞“圈地运动”，盲目建设和发展开发区、大学城、新城区，浪费了大量土地，土地利用效益极其低下。

土地城镇化冒进发展严重损害了农民利益。大搞土地规划、盲目建设，使得大量的农村耕地被征收，农民生活没有保障，出现了很多无地、无工、无保的“三无”农民，

农民收入水平大幅度下降。我国的“城镇指标过高”，许多农民工并没有真正在城镇安家立业，成为城镇居民，而是游离在城镇边缘。我国城镇化没有充分发挥其吸纳农村劳动力能力，农民工很难真正融入城镇，也无法在城镇安家，更不可能享有与城镇居民同等的社会福利等权益，如住房保障、子女教育等。这些是农民工的生活成本大大提高、纯收入减少的重要原因。

（二）农村劳动力向大中城市无序流动对农民增收的影响

国家卫生计生委于2016年10月19日发布的《中国流动人口发展报告2016》显示：2015年我国流动人口总数量已达2.47亿，占总人口的18%，相当于每6个人就有1个流动人口，其中75%是由农村流向城市，且未来的一二十年，我国仍处于城镇化快速发展阶段，按照《国家新型城镇化规划（2014—2020）》的进程，2020年我国仍有2亿以上的流动人口，其特点表现在以下几方面：

1.新生代流动人口占比持续提高，流动人口的平均年龄明显上升

2013年调查的务工经商的劳动年龄流动人口中，1980年及以后出生的新生代占48.8%。2015年相应劳动年龄的流动人口中，新生代的比例已经超过一半，为51.1%。

流动人口的平均年龄呈上升趋势，且老化速度快于全国人口。2013年流动人口的平均年龄为27.9岁，2015年为29.3岁，增加了1.4岁。

2.东部地区的流动人口比重有所下降，西部地区人口流动渐趋活跃

从流动人口的区域分布看，2013年，东部地区流动人口占全国流动人口的比例为75.7%，西部地区为14.9%；2015年的相应比例分别为74.7%、16.6%（见图3-1）。由此可见，东部地区依然是流动人口最集中的地方，但占比有所下降，而西部地区占比有所增长。

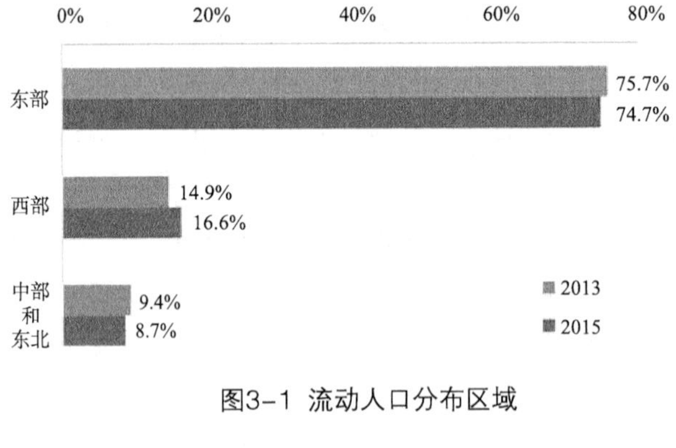

图3-1 流动人口分布区域

东部地区流动人口以跨省流动为主，2013年东部地区跨省流动人口占全国跨省流动人口的比例为88.2%，2015年相应的比例有所降低，但仍为87.7%。

3. 流动人口流向中心城市的比例下降，流向非中心城市和地区的比例有所上升

中心城市吸收的跨省流动人口虽然过半，但比例有所下降。2013年流向中心城市的

跨省流动人口占全国跨省流动人口的比例为56.8%，2015年降为54.9%。

中心城市以外的其他城市和地区吸纳省内农村户籍流动人口的比例在增加，逐渐成为吸收省内农村户籍流动人口的主要地区。2013年流向中心城市之外的其他城市和地区的省内农村户籍流动人口占全国相应人口的比例为45.6%，2015年该比例为50.5%。

4. 家庭化流动趋势加强，流入人口的家庭规模有所扩大

2015年流动人口在流入地的家庭规模为2.61人，与2013年相比，流入人口家庭规模增加了0.11人。超过一半的家庭有3人及以上同城居住。从流动范围看，省内流动人口的家庭规模大于跨省流动人口。2013年，跨省为2.43人，省内为2.65人；2015年，跨省为2.54人，省内为2.75人。

居住时间越长则共同流动的家庭人口数量越多。从居住时间看，2015年，居住3年以下的流动人口平均家庭规模为2.75人，居住3~4年的为2.70人，居住5年及以上的为2.95人。

5. 流动人口的居留稳定性持续增强，流动人口在流入地生育的比例快速提高

调查显示，流动人口在现住地的平均居住时间超过4年，有一半人在现住地居住时间超过3年。未来打算在现住地长期居住的比例超过半数。

与2010年相比，2014年流动人口子女在现居住地出生的比例上升了29.1个百分点，达到56.6%。相应地，在户籍地出生的比例明显下降。

6. 流动老人规模不断增长，以低龄为主

2015年国家卫生计生委流动老人健康服务专题调查显示，流动老人占流动人口总量的7.2%，年龄中位数为64岁，其中约有八成低于70岁（其中，60~64岁约占54%，65~69岁约占24%），70~79岁的占18%，80岁及以上的高龄流动老人不到5%。照顾晚辈、养老与就业构成老人流动的三大原因。其中，照顾晚辈的比例高达43%，为与子女团聚或自行异地养老的比例为25%，仍有23%的流动老人因务工经商而流动。

通过分析可以看出，农村劳动力大都向发达地区转移，集中在一些主要的大中城市。但是，一方面，大中城市的就业压力本身就大、要求劳动力的综合素质高，由于农村劳动力素质偏低，一些劳动力可能无法找到合适工作，使其寻找工作的成本较高，或多从事一些脏、差、累的工作，获得的劳动报酬又低；另一方面，由于农村劳动力流入大中城市的数量过多、速度过快而造成的“城市病”，既严重影响了城市经济的健康发展，又会大大减弱城市吸纳农村劳动力的能力，从长远来看，不利于整个国家的经济和社会发展，更不用说增加农民收入了。

二、农民收入来源构成及变化趋势

从表3-1的数据可以看出，我国农民人均纯收入是逐年增加的。尤其是2004年以后，农民人均纯收入的增长率是显著增加（见图3-2）。

表3-1 我国农民收入来源结构与城镇化率 （单位：元/人）

年份	农民纯收入	工资性收入		家庭经营性收入		财产性收入		城镇化率（%）
		金额（元）	比重（%）	金额（元）	比重（%）	金额/元	比重（%）	
1993	921.6	194.0	21.05	678.5	73.62	7.0	0.76	27.99
1994	1221	263.0	21.54	881.9	72.23	28.6	2.34	28.51
1995	1 577.8	353.7	22.42	1 125.8	71.35	41.0	2.60	29.04
1996	1 926.1	450.8	23.40	1 362.5	70.74	42.6	2.21	30.48
1997	2 090.1	514.6	24.62	1 472.7	70.46	23.6	1.13	31.91
1998	2 162	573.6	26.53	1 466.0	67.81	30.4	1.41	33.35
1999	2 210.3	630.3	28.52	1 448.4	65.53	31.6	1.43	34.78
2000	2 253.4	702.3	31.17	1 427.3	63.34	45.0	2.00	36.22
2001	2 366.4	771.9	32.62	1 459.6	61.68	47.0	1.99	37.66
2002	2 475.6	840.2	33.94	1 486.5	60.05	50.7	2.05	39.09
2003	2 622.2	918.4	35.02	1 541.3	58.78	65.8	2.51	40.53
2004	2 936.4	998.5	34.00	1 745.8	59.45	76.6	2.61	41.76
2005	3 254.9	1 174.5	36.08	1 844.5	56.67	88.5	2.72	42.99
2006	3 587	1 374.8	38.33	1 931.0	53.83	100.5	2.80	43.90
2007	4 140.4	1 596.2	38.55	2 193.7	52.98	128.2	3.10	44.94
2008	4 760.6	1 853.7	38.94	2 435.6	51.16	148.1	3.11	45.68
2009	5 153.2	2 061.3	40.00	2 526.8	49.03	167.2	3.24	46.59
2010	5 919	2 431.1	41.07	2 832.8	47.86	202.2	3.42	48.56
2011	6 977.3	2 963.4	42.47	3 222.0	46.18	228.6	3.28	51.27
2012	7 916.6	3 447.5	43.55	3 533.4	44.63	249.1	3.15	52.57
2013	8 895.9	3 652.5	41.06	3 943.9	44.33	194.7	2.19	53.70
2014	9 892	4 152.2	41.98	4 237.4	42.84	222.1	2.25	54.77
2015	10 772	4 600.3	42.71	45 03.6	41.81	251.5	2.33	56.10

数据来源：《中国统计年鉴》（1990~2016）。自2013年起，由于统计方式和口径的变化，数据与2012年及以前的数据有较大变化，尤其是财产性收入，导致该部分比重出现明显下降。

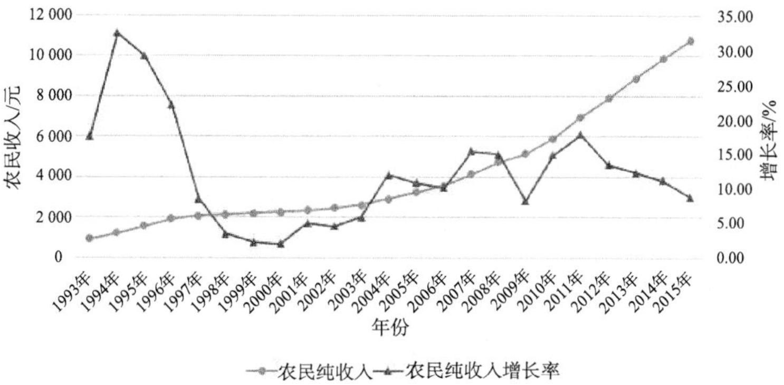

图3-2 农民人均纯收入及其增长率的变动趋势

1993年，农民人均纯收入为921.6元，到2004年增加到2 936.4元，12年间上涨了2 014.8元，在2015年更达到10 772元。其中，从2004年至2008年这8年内增加了4 040.9元，是1993~2004年增加额的两倍多。农民人均纯收入增长率的波动较大，增长率在1994年达到最高，为32.5%。然后急速下降直至2000年的2%左右，之后又缓慢上升到2004年的12%左右。2004~2015年，增长率仍然表现很不稳定，2009年又下降到8%左右，但波动幅度相对以前小了很多，这段时间的增长率平均在15%左右。虽然，我国农民人均纯收入增长率的波动幅度大，但其数值都是大于零的，表明我国农民人均纯收入是逐年增加的。

从各种收入构成占农民人均纯收入中的比例，我们可以看到，工资性收入、家庭经营性收入是农民收入的主要部分，两者的比重和在1993年为94.62%，2000年为94.51%，2005年为92.75%，到2012年这两者所占比重仍达到88.18%。财产性收入的比重由1993年的0.76%上升到2012年的3%左右，虽然其比重较小但有所上升。此外，农民收入中的工资性收入与家庭经营性收入的相对重要性发生了重大变化。工资性收入在农民收入中的占比不断上升，由1993年的21.1%上升到2015年的42.71%，比重增加一倍以上。而家庭经营性收入的占比却逐年下降，由1993年的73.62%下降到2015年的41.81%，降低了31.81个百分点。

促进农民收入增长的关键在于工资性收入和家庭经营性收入。同时，虽然财产性收入所占份额较小，但前景好。在城镇化进程中，增加工资性收入和家庭经营性收入的同时，要抓住城镇化发展的好时机，加速农民财产性收入的上升。

图3-3显示的是我国1993~2015年的农民收入来源结构及其变化。家庭经营性收入和工资性收入是两个主要构成部分，其中，家庭经营性收入占比份额由73.62%下降到41.81%;工资性收入的占比份额则出现明显的上升趋势，由21.1%上升到42.71%。同时可以看出，家庭经营性收入下降的幅度基本上相等于工资性收入上涨幅度。财产性收入所占比重一直偏小，总体上呈现缓慢上升的趋势。

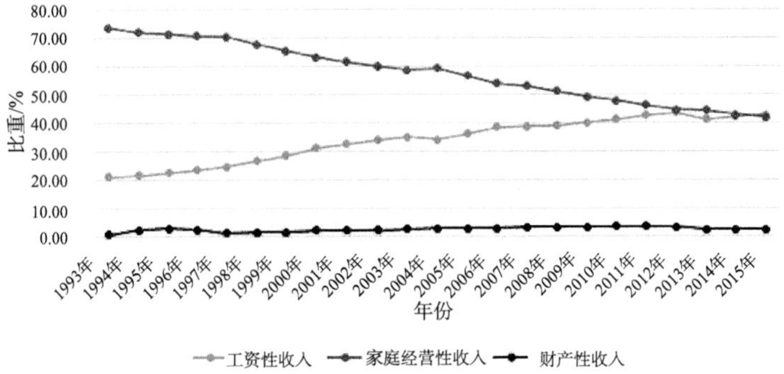

图3-3 农民收入来源结构及其变化趋势

三、城镇化进程中农民收入结构变化

表3-1中的数据显示，1993~2015年，我国的城镇化水平是逐年上升的，由1993年的27.99%上升到2015年的56.10%。与此同时，我国农民的人均纯收入也是逐年上升的。我国城镇化率与农民人均收入间的变化关系可见图3-4，我国农民人均纯收入水平随着城镇化水平的提高而增长，两者是同向增长的。

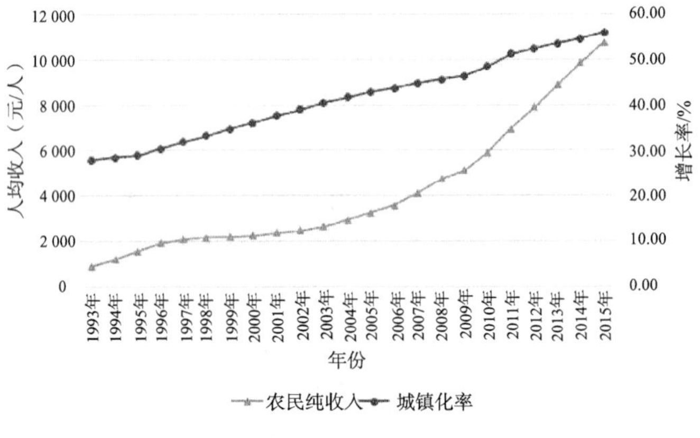

图3-4 农村居民人均纯收入与城镇化水平的变化趋势

（一）城镇化进程中农民工资性收入比重上升

尽管家庭经营性收入目前仍是农民收入组成的最大部分，但其结构却发生了本质性变化，由过去主要依靠家庭经营性收入逐渐转变为依靠工资性收入为主。从表3-1和图3-5，我们可以看到1993 ~ 2015年我国城镇化水平与农民工资性收入间的发展关系。1993年，我国城镇化率为27.99%，农民工资性收入为194元/人，占农民人均纯收入的比重为21.05%；2015年，我国城镇化率上升到56.10 %，工资性收入上升到4 600.3 元/人，比重则上升到42.71 %。

1993~2015年，工资性收入增加了4406.3元/人，比重增加了21.66%，同期内的城镇化率增加了28.11%。由此可以看出，城镇化率每年增加的百分点与工资性收入每年增加的比重很接近，城镇化水平的提高与农民工资性收入的增长几乎是同步的。在城镇化发展进程中，城镇化水平与工资性收入增长的幅度大致相同，两者同方向上升。

城镇化进程中，农民工资性收入的增加，是城镇化的发展促进了农村劳动力的转移，提高了农民的非农就业机会，进而保证了工资性收入的增加。小城镇的乡镇企业和大中城市的第二、第三产业，都是农民转移的去向，农民工资性收入会随着城镇化发展而提高。

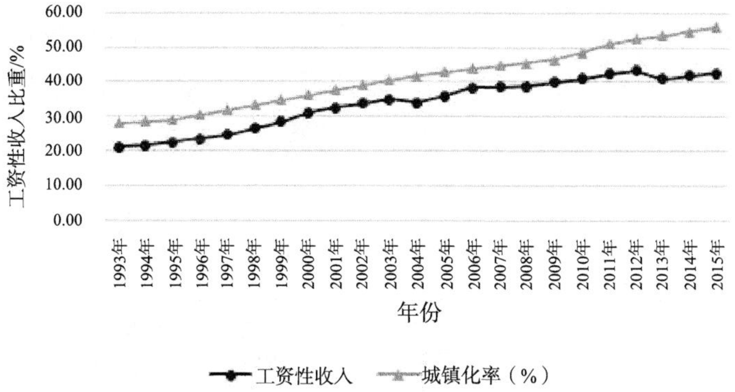

图3-5 城镇化水平与工资性收入比重间的关系

（二）城镇化进程中农民家庭经营性收入比重下降

1993年我国农民家庭经营性收入为678.5元/人，2015年为4 503.6元/人。然而，在此期间，家庭经营性收入占农民人均纯收入的比重从73.62%下降到41.81%。城镇化的加速发展，在促进农民家庭经营性收入绝对数额增加的同时，也导致了其占比的下降（见图3-6）。

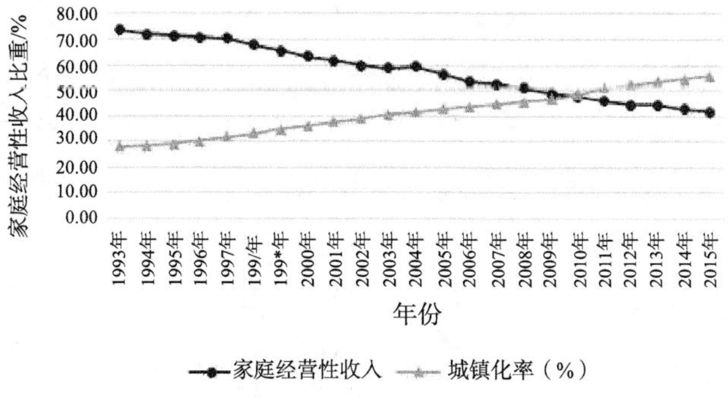

图3-6 城镇化水平与家庭经营性收入比重的关系

城镇化发展促进农村劳动力大量转移，减少了农村人口，增加了人均耕地占有量，有利于土地的规模化经营，为农业产业化发展的实现、农业生产效益的提高以及农民收入水平的上升提供了条件。同时，随着城镇生活水平的提高，对农产品的质量和多样性的要求更高，迫使农业结构的调整与优化，以符合市场的要求。这些因素都表明了城镇化发展增加了农民家庭经营性收入。但是，由于我国农业劳动生产效率过低，城镇化发展带来的非农就业机会使得农村劳动力大量转移到非农产业部门，增加了农民的工资性收入，使得工资性收入比重上升，家庭经营性收入比重下降。城镇化与农民家庭经营性收入占比关系见表3-1和图3-5。

（三）城镇化进程中农民财产性收入比重小幅上升

目前，我国农民财产性收入的来源包括土地、房屋、资金等方面的收入。财产性收入占农民纯收入的比重与城镇化水平的关系见图3-7。从表3-1的数据中可以看出，财产性收入所占比例较低，1993年仅为0.76%，2015年也只占2.33%。尽管如此，其比重还是呈现出缓慢的增长趋势。

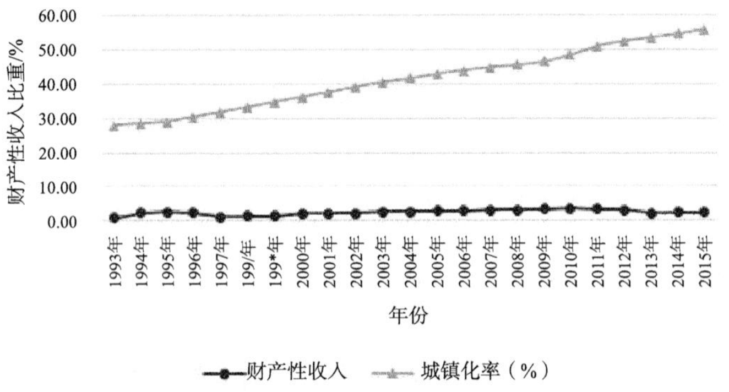

图3-7 城镇化水平与农民财产性收入比重间的关系

随着全国城镇化的加速发展，城镇人口数量不断增长，城镇规模越来越大，对土地的需求欲望也越来越强烈。农村城镇建设用地，以及土地承包经营权的流转，是农民土地财产收入增加的来源；一些大中城市城郊地区农民的房屋随着城镇人口数量的增长，能够以较好的价格出租，也增加了农民的房屋租金收入；等等。

综上所述，在城镇化进程中，不同的收入来源在农民人均纯收入的结构中占据着不同的比重，对农民增收问题也具有不同的影响。其中，农民工资性收入的增幅与城镇发展水平基本同步，工资性收入在农民收入中的比重也显著上升，在促进农民增收中的作用越来越重要；家庭经营性收入的绝对数额虽逐年上升，但其比重却逐年下降，在农民收入构成中的重要性可能会让步于工资性收入；财产性收入占农民收入的比重虽小，但发展前景好，也在逐年上升。在加速城镇化发展进程中，从不同的收入来源构成促进农民的增收将是一条可行途径。

四、城镇化进程中农民增收的制约因素

在城镇化加速发展的过程中，由于历史原因存在的一些不科学、不合理制度，在一定程度上损害了农民的收益，使得农民收入增长缓慢，无法充分享受城镇化发展成果。制约农民增收的制度因素如下。

（一）城乡分割的二元户籍制度制约农民增收

1958年，全国人大常委会第91次会议通过的《中华人民共和国户口登记条例》，标志着我国城乡分割的二元户籍制度正式成立。该制度人为地将全国人民分割为城镇居民和农村居民，并将劳动用工、就业、医疗、教育和各种社会保障等社会福利与户口直接挂钩。这种户籍制度的推行将农村与城市强行区分开来，阻碍了劳动力的自由流动、生产要素的有效配置，降低了经济的投入产出效益。虽然近年来大量农村劳动力进城镇务工经商，传统户籍制度的限制功能有所削弱，但是户籍制度的限制依然存在，尤其是大中城市的户籍限制更加突出。

劳动力进入城镇务工，却无法取得城镇居民户口，不能成为城镇居民，也就不可能获得与城镇居民相等的就业机会和社会地位。农民进入城镇既没有城镇居民的就业保障，也没有住房保障、子女教育、失业保险等方面福利，再面临着沉重的就业、生活成本，农民收入剩余大大地减少了。

（二）城乡分割的二元土地制度制约农民增收

我国宪法规定实行城乡分割的二元结构土地所有权制度。城市的土地属于国家所有，农村的土地除由法律规定属于国家所有的以外，全部属于农民集体所有，宅基地、自留地、自留山属于农民集体所有土地。农村集体土地是不能直接进入市场的。在我国城镇化建设的过程中，农村集体所有地必须先通过政府征用转变为国有土地后，用地单位或个人再以有偿的方式向政府申请使用权，这就导致了农民在土地征用制度中土地权益的丧失，主要表现在如下三个方面。

1.征地范围过广

由于法律法规没有对“公共利益需要”的建设用地进行清晰明确的界定，各地政府很可能“以公肥私”，以行政性征收手段将农村集体土地变为国有土地，损害农民的土地权益。

2.征地补偿额远低于土地的市价

用于商业开发或者转变为城镇建设用地的农村土地，必须首先通过行政性征用方式变为国有土地后，然后才能成为非农建设用地进入市场交易。政府以强制性的手段征

收农村土地，给农民的补偿额也是强制规定的。国家统计局曾对16个省（自治区、直辖市）被征地农户进行调查，结果显示约有46%被征地农户的收入水平出现下降。

3. 征地补偿利益分配不均

吕彦彬等人通过对落后地区征地收益分配格局的研究显示，“在非农耕地的补偿利益分配格局中，县级政府占67.01%，农村集体占25.07%，县以上政府占6.92%;在农耕地的补偿利益分配格局中，县级政府占52.45%，农村集体占32.17%，县以上政府占15.38%”。

城乡分割的二元土地制度极大损害了农民的土地财产权益，城镇发展在一定程度不仅没有提高农民的收入，相反，却剥夺了农民的土地权益，一些被征地农民甚至沦落为“无地”“无工”“无保”的“三无”农民，生活日益贫困。

（三）城乡分割的二元教育制度制约农民增收

我国的教育制度呈现出“农村教育”和“城市教育”截然不同的教育体系。我国义务教育实行“在国务院的领导下，地方负责，分级管理，以县为主”的管理体制，在这种“分级办学”体制下，国家优先发展城镇教育，而将农村教育责任下放给地方政府，造成城乡教育体制的进一步分割，严重侵犯农村居民应享受的同等教育权。与城镇劳动力相比，农村劳动力文化素质普遍偏低。

《2016年农民工监测调查报告》显示，2016年，农民工中，未上过学（文盲）占1.0%，小学文化程度占13.2%，初中文化程度占59.4%，高中文化程度占17.0%，大专及以上文化程度占9.4%，外出农民工和本地农民工中高中及以上文化程度分别占29.1%和23.9%，见表3-2。

表3-2　农民工文化程度构成　（单位：%）

	农民工合计		外出农民工		本地农民工	
	2015年	2016年	2015年	2016年	2015年	2016年
未上过学	1.1	1.0	0.8	0.7	1.4	1.3
小学	14.0	13.2	10.9	10.0	17.1	16.2
初中	59.7	59.4	60.5	60.2	58.9	58.6
高中	16.9	17.0	17.2	17.2	16.6	16.8
大专及以上	8.3	9.4	10.7	11.9	6.0	7.1

农村劳动力整体素质偏低，一方面导致农民工即使进入城镇，从事的也是一些脏、累、差、报酬低的工作，农民想大幅度提高收入是比较困难的；另一方面，随着我国城镇化、工业化的发展，对高素质劳动力的需求会越来越大，劳动力素质低下会阻碍其向城镇进一步转移，既不利于新型城镇化发展，也阻碍了农村的社会和经济发展，进而制

约了农民收入的增加。

（四）城乡分割的二元社会保障制度制约农民增收

城乡社会结构的分割必然带来了二元化的社会福利保障制度。户籍制度的建立使社会福利保障制度与户籍直接相连，城镇户口意味着可以享受到相应的社会保障及福利待遇，农村居民却与此无缘。况且，我国农村社会养老保险、医疗保险、失地农民社保以及农民工社保等社会保障制度的不健全，严重损害了农民利益，增加了农村居民的贫困度。据调查，大多数农村的贫困户是因病返贫，由于农村医疗保障体系的欠缺，一个殷实的农村家庭往往会因医治一个重病病人而人财两空，一贫如洗。

在农村，土地往往承担着农民的主要社会保障功能。这使得农村劳动力向城镇的转移是不彻底的，农民并没有真正完全脱离农村土地，既不利于农村土地的流转与规模化经营，也严重阻碍了城镇化进程，影响农民收入提高；同时，因进城务工的农民无法享受到与城镇居民同等待遇的社会福利制度，而使得农民工在城镇的生活、就业成本过高，农民工收入增长困难。

第三节　城镇化进程中农民增收机理

加速城镇化发展对目前解决农民增收的问题具有很大的现实意义。下面从理论与实证两方面分析城镇化进程中的农民增收路径。首先从理论上分析城镇化进程中的农民增收机理，包括农民工资性收入、家庭经营性收入和财产性收入机理，再分别探讨城镇化对这几种收入增长的影响。分析框架见图3-8。

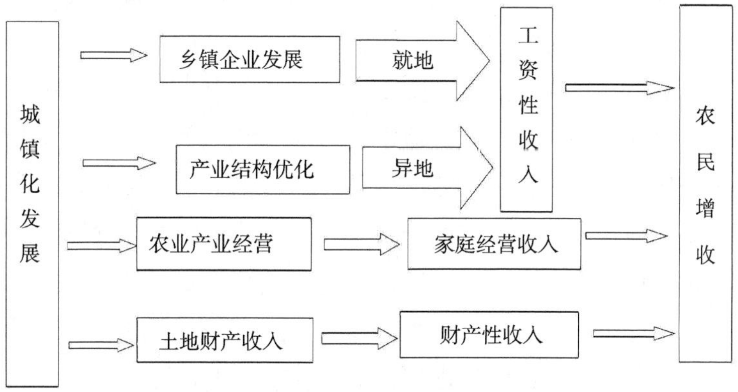

图3-8　城镇化对农民增收机理分析框架

一、城镇化与农民工资性收入增长

经济发展的一般规律显示，传统农业部门的劳动生产率比现代产业部门的劳动生产率低，低效率的劳动力会不断地向高效率的部门转移。由于工农两部门在就业收益上的差异，在农村劳动力转入非农产业时，农民会获得比从事农业高得多的收入，即出现了在农民收入中工资性收入比重不断上升，家庭经营性收入比重降低的情况。在我国城镇化发展过程中，农村剩余劳动力向城镇现代产业部门转移，是增加农民的非农就业机会，提高农民工资性收入的主要途径。

（一）城镇化进程中的农村劳动力转移与工资性收入增加

随着一国城镇化发展的不断推进，农村劳动力向非农产业和城镇进行转移和就业是经济和社会发展的必然阶段。从发达国家的发展历程来看，以城镇的发展转移农村剩余劳动力，实现劳动力的非农就业，对农村经济的发展、农业效率的提高以及农民收入的增加具有很大的可实现性。

从城镇化发展目标的角度来看，城镇化需要转移大量农村劳动力，城镇化的百分点每上升一个，就可多转移100万劳动力。我国目前的城镇化水平为52.57%，若以60%的城镇化率进行粗略计算，还有近1.1亿的农村人口需转移。从我国的发展情况看，农村剩余劳动力的转移模式主要有两种：就地转移模式、异地转移模式。

“离土不离乡”式的地区内部就地转移方式，是以乡镇企业为依托，以小城镇为载体，推进农村劳动力在县域范围内的小城镇实现就业。乡镇企业一直承担着农村劳动力的就地转移任务，为其就地转移创造了条件。乡镇企业的崛起，给农村经济和社会带来了突破性发展。进入20世纪90年代后，我国经济得到快速发展，农村劳动力不仅就地转移，跨地区的异地转移规模也越来越大。“民工潮”的出现，显示“离土又离乡”的异地转移模式成为另一种重要的转移方式。异地转移模式是指，大中城市及现代产业的发展需要大量劳动力，推进了农村劳动力的跨区域流转，尤以发达地区为主。

增加农民收入的途径有两种选择：降低农业生产成本和减少剩余农民。因为成本的减少是有限的，所以减员增效是根本。但是，仅通过城市发展难以完全承担减少农村劳动力转移的重任，所以，在促进农村劳动力转移的过程中，农村劳力在小城镇范围内的就地转移是另一条有效途径。小城镇的经济发展还有利于促进农村经济结构调整，推进农业产业化发展，从而增加农民收入。因此，通过城镇化发展促使农村劳动力向城镇转移，促进农民进城务工就业，是提高农村居民收入水平的重要途径。

（二）乡镇企业发展吸纳农村劳动力就地转移与工资性收入增加

从我国农村劳动力转移的实际发展状况来看，农村剩余劳动力进行异地转移，大多只是为农村劳动力提供了初始非农就业的机会和资本的原始积累。由于大中城市较高的生活、住房、社会保障和教育等成本，大多数转移到大中城市的农村劳动力难以成为真正的城市市民。这些积累了一定资本的农村劳动力难免依旧踏上回乡之路。因此，现阶段，推动农村人口在县域范围内的小城镇实现转移，促进乡镇企业再次发展，是实现农村劳动力转移的重要途径。

乡镇企业是小城镇建设的基础，小城镇的发展少不了乡镇企业的支持与带动。发展乡镇企业，可以从多方面提高农民收入，其中，最主要的是直接增加收入。大量的农村劳动力在乡镇企业工作，直接增加了农民的工资性收入。2007年，在乡镇企业务工的农民，获取的工资收入是其人均纯收入的1/3。另一个是间接增加收入，乡镇企业的发展扶持带动了区域内部相关产业的发展，例如实现了农业的标准化、规模化生产，农产品的质量上去了，为农产品进入市场提供了很大的方便，在一定程度上解决了农产品难卖的困境。在这里我们主要考察的是直接增加农民收入的情况。

乡镇企业发展对农民工资性收入增加的实例有：

实例1

近年来，青河县把加快推进农村劳动力转移就业作为农牧民脱贫增收的重要手段，出台用贫困户工人企业可申请贴息贷款等激励政策，鼓励企业多用贫困户工人。同时与用工多的企业加大联络对接，通过搭建平台，使贫困劳动力实现劳务创收。通过政府引导、企业扶持等措施，有效解决了贫困劳动力就业难问题。

2017年以来，青河县实现城镇新增就业437人，就业困难人员实现就业20人，零就业家庭继续保持动态清零。一季度完成农牧民培训2792人，完成农村富余劳动力转移645人次，实现劳务创收96万余元。

实例2

2017以来，精河县共举办县、乡“春风行动”招聘会5场次（县级招聘会1场次，乡村招聘会4场次），共组织各类企业22家，累计组织求职人员1 700余人，初步达成就业意向930人，提供就业岗位1 600余个，对各类劳动力开展职业技能培训2 067人次，主要开展保安员、电焊、电工、裁缝、手工编结等职业技能培训。截至2017年4月底，精河县通过各种途径累计转移农村富余劳动力5 562人次，完成目标任务22 000人次的25.2%，实现劳务创收4 372.63万元。长期性转移3 788人次，创收3 007.79万元；季节性转移1 774人次，创收1 364.84万元。

实例3

2009年底，江苏乡镇企业达60.45万个，平均每年可转移农村劳动力30余万人，工资报酬年均增长22.5%。2009年乡镇企业共发放报酬2 866亿元。据测算，江苏省农民纯收入的55%左右来源于乡镇企业。

以县城和中心镇为主，促进乡镇企业的集中，大力发展乡镇企业，促使农村劳动力的就地流转，为农村劳动力提供了更大的就业空间。将农民非农就业和小城镇发展结合起来，将农民进城和农民“造城”结合起来，将会提供更多的就业机会，提高农民的工资性收入。

（三）城市产业结构优化吸纳农村劳动力异地转移与工资性收入增加

城镇化发展与第二、第三产业发展之间存在极其紧密的关系，产业结构的升级是随着城镇化水平的提高而不断深入的，加快城镇化发展会推进产业结构的发展和演变。即城市化水平的不断提高与产业结构的高级化相伴而行，城市化水平与第一产业呈负相关关系，而与第二、第三产业呈正相关关系。

随着产业结构的发展升级，就业人数中第一产业的比重开始下降，第二与第三产业的比重逐渐上升，发展至最后，第三产业的就业人数比重会大于第一、第二产业，成为吸收劳动力最多的产业。因此，城镇化进程中，促进产业结构的优化与升级，可以扩张城市第三产业对农村劳动力的转移力。

在城镇化发展和产业结构升级过程中，第三产业会逐渐代替第二产业消化更多的农村劳动力。第三产业具有投资少、经营灵活、资本有机构成低、就业弹性强等特点。所以，无论是发达国家还是发展中国家的城市化发展经验都告诉我们，工业化发展后期，第三产业是吸收农村剩余劳动力的重要产业。第三产业发展对农民工资性收入增加的实例有：

实例1

广西壮族自治区统计局数据显示，2016年，广西农民人均可支配收入突破万元，达到10359元，与上年相比，名义增长9.4%，扣除物价因素，实际增长7.6%，比上年提高0.2个百分点。

在广西壮族自治区14个市中，有9个市农民人均可支配收入超过万元，收入水平较高的三个市为玉林市、桂林市和防城港市。广西49个国家、自治区扶贫开发工作重点县，有31个县（区）的农民人均可支配收入增速高于全区平均水平。

相关数据表明，广西农民收入增幅连续七年高于城镇居民收入增幅。2016年广西的城镇居民可支配收入是农村居民可支配收入的2.73倍，城乡差距不断缩小。农民工人数连续两年呈现回流现象，2016年，广西外出返乡农民工达333.6万人。

业内人士分析认为，影响农民人均可支配收入增长的动力来自于精准扶贫工作的不断推进，以及农民务工工资水平提高、农业产业化发展、农产品价格上涨等因素。

随着龙头企业的发展和本地务工工资水平的提高，越来越多的农村劳动力选择在“家门口”就业。2016年广西农村居民常住人口在非国有企业的从业人员较上年同期增长31.4%。农民工资性收入2 848元，同比增长11.7%。

红利收入是2016年广西农村居民增收一大亮点。一是广西实施精准扶贫政策，为建档立卡贫困户提供小额信贷入股分红。如百色今年参与此项目的贫困户每户平均有4 000元的分红；二是农村居民积极参与投资各类型农业合作社及休闲农家乐等集体产业，取得了较好的经济收益。全年农民人均红利收入47元，比上年同期增长118.5%。

此外，广西农村居民家庭经营结构不断优化，各地大力发展农家乐等农村旅游，促进第三产业净收入快速增长，所占比重不断提高。2016年广西农民人均第三产业净收入同比增长19.2%。人均家庭经营净收入4759元，同比增长7.7%。

实例2

统计资料显示，2011年，云南马关县的第三产业共有经济实体6 243户，从业人员达11 387人，是第二产业就业人数的2.6倍，第三产业从业人员的年工资性收入平均为9 560元/人。第三产业全年共实现总产值达13.5亿元，占GDP的比重由去年的32%提高到33.2%。

由于第三产业不管是在产品服务的生产中，还是在它的交换或消费中，始终表现出同步性和非贮藏性的特点。因此，只有在人口与生产要素达到一定的规模，对第三产业的产品需求达到一定数量时，才能保证第三产业的发展，城镇发展规模的大小会直接关系到其兴起与发展。相比小城镇来说，大中城市对第三产业的需求市场更广阔，也更有利于第三产业的发展。通过加快城市的发展，实现产业结构的优化和升级，加快发展第三产业，是实现农村劳动力异地转移，增加农民工资报酬的巨大拉动力。

在城镇化发展进程中，小城镇中的乡镇企业促进农村劳动力的就地转移，城市中的产业结构优化承接劳动力的异地转移，是促进农民工资收入增加的重要途径。

二、城镇化与农民家庭经营性收入增长

农民家庭经营性收入在农民收入中的比重虽下降了，但其绝对额是上升的，千方百计地增加这部分收入能够有效促进农民增收。随着社会的发展和生产力的不断提高，以家庭联产承包责任制为主的农业生产模式的问题开始显现，如生产规模小、缺乏经济效益、农民生产分散、农产品价格低廉等。在改革开放初期，这种生产模式的确激励了农民的生产积极性，改变了粮食供给长期短缺的现状，但是，在解决农民的基本温饱问题之后，要想在家庭承包的小块土地上发家致富，进一步地提高农民的收入水平，就显得困难了。

城镇化转移了大量农村劳动力，大大降低了直接从事农业生产的人数，人均耕地的占有量提高。在此基础上实行一定的制度创新，依托城镇化的发展，能够有利于实现农业适度规模化经营；有利于整合土地等农业资源、加快生产要素流转、推广先进生产管理技术的开发应用；有利于拓宽农业产业前后链条的发展空间，发展农村第二、第三产业，提高农产品附加值，为农业产业化的深层次发展提供载体；有利于提高生产流通中

的组织化程度，进一步完善农村市场化体系，从而实现农业产业化、规模化、市场化以及管理现代化经营，提高农业生产效率，增加农民经济效益，促进农民提高收入。

（一）农业产业化发展模式

1993年，潍坊的农业发展战略中初次提出了“农业产业化”概念，其基本可以概括为：依据各地区优势，以国内、国外市场为导向，以科技为手段，以提高经济效益为中心，将种、养、加，产、供、销，贸、工、农紧密联系，对当地农业的支柱产业和主导产品实行区域化的布局、专业化的生产、国际化的市场、规模化的经营、企业化的管理、社会化的服务，以“一条龙”形式的生产经营体制和管理机制，最终达成抵御农产品市场风险、促进农业发展、提高农民收入的效果。农业产业化是一种在经营机制和运行模式上呈现出全新特点的组织形式。关于农业产业化经营的理论模式主要提出了以下三种：

1.“公司（企业）+农户”的模式

这种农业产业化经营组织模式是以资金充足、技术优良的公司为龙头企业，以散落的农户为生产基地，通过合同，将农户和公司联结起来，实行农户进行生产、公司进行加工出售的发展形式。农户通过龙头企业与市场联系，龙头企业则直接与市场联系，公司和农户根据市场上的农产品需求进行购销活动。

2.“专业协会或合作社+农户”的模式

它是指公司和农户双方通过自愿参与、民主运营、资金报酬适度等原则，以资金、技术、土地和劳动力等方式入股而设立的合作经济组织形式。合作社不会改变原本的家庭联产承包经营制，合作社的财产属于集体所有，农户自愿入股，成员以一人一票或一股一票的原则参加合作社管理。

3.“公司+合作社+农户”的模式

该模式采取分散生产、集中加工、统一销售的产、加、销一体化策略，并以龙头企业直接实施全部策略。在龙头企业的带动下，基本形成区域化的布局、专业化的生产、一体化的经营、社会化的服务、社会化的管理。

上述农业产业化模式的实施，都在确保农村土地家庭联产承包责任制之上，通过签订长期合约，促使农业生产和经营水平的提高，实现农村农业的发展。在第一种模式中，公司处于主体地位，农户处在从属地位，农民很难分享到农业产业化经营中的利润。与第一种模式相比，第二、第三种模式更有利于维护农民的利益。

（二）农业产业化经营与家庭经营性收入增加

在城镇化进程中，城镇发展为转变传统农业生产方式、农业的产业化经营提供了条件。首先，城镇作为农产品买卖的主要场所，关系到农业产品及其产业结构的发展方向，为农业产业化发展提供了良好的市场环境。其次，城镇化的发展表现为农村劳力不断地向城镇聚集的过程，保证了农业的规模化经营。而农业规模化经营的实现，是农业产业化经营实现的重要方面。再次，城镇化为农业产业化提供了资金支持及所需的软、硬件设备。城镇化发展带来的经济发展无疑加速了农业产业化的实现，同时，城镇作为第二、第三产业的主要载体，为农业产业化发展过程中所需的农业机械用具、农用物资和农业技术、农业信息等硬件设备和软件设备提供了支持。最后，小城镇中的农业是其发展中的重要基础产业，小城镇的繁荣发展与农业产业化经营是互相促进、同步发展的。

农业产业化的推广，促使我国由落后农业向现代农业迈进，对农业发展做出了积极贡献，是农民家庭经营性收入增加的关键途径。孙伟艳等学者对农业产业化的运营方式、特征及效用进行研究后指出：农业产业化不光是农业的经营与管理体制的创新，更是加快农民收入提高的有效形式。

1. 农业产业化直接保证了农民的家庭经营性收入增加

农业产业化经营，加强了农业的基础地位，是保证农产品质量和农民收入增长的直接措施。这是因为，一方面，农业产业化的发展，必然要增加农业投入，加强农产品生产基地建设，改善农业生产的基本条件和基础设施，强化了农业的基础地位。另一方面，农业产业化中的龙头企业，多数是以提前支付定金、规定生产总额、提供科技服务等形式加价收购农户的农业产品。这在很大程度上保护并激励了农民的积极性，预防了“谷贱伤农”情况的出现，减少甚至避免了某些环境下的农业产品生产的过分波动现象的出现，有利于稳定农民家庭经营性收入。

2. 农业产业化增加了农民的家庭获得经营性收入的机会

农业产业化作为农民与市场的桥梁和纽带，实行一体化式的经营形式，延长了农业产业链条，通过农业产品的深加工，增加农业产品的附加值，提高农业发展的整体效益，同时，也极大提高了农民的组织化程度。在我国现有承包责任制不可变的前提下，农业产业化能够将农业产品的生产基地、农户和国内国际市场有效连接在一起，使分散的农户家庭享受到有指导性的种养、服务性的生产、市场性的销售、保护性的价格，这就大大提高了农民的组织程度和生产效率，增强了农民抗御市场和自然风险的能力，增加了农民获得家庭经营收入的机会，增加了农民的家庭经营性收入。

3. 农业产业化改变了农民家庭经营性收入增加的方式

结合国家关于农村经济发展的指导方针，可知农业产业化发展最能适应我国社会主义市场经济体制转换的要求，有助于农业功能的拓展及其相关产业结构的升级，从而提高农产品的综合竞争力。农业产业化的发展使各生产要素向高效益的主导产业和优势产业聚集，促进农业的生产和经营向区域化、专业化以及规模化的方向发展，若辅以严格的企业化管理等，能够转换我国农业和农村的经济增长方式，改变农民家庭经营性收入增加的方式。以下是农业产业化发展增加农民家庭经营性收入的实例。

实例：扬州农业产业化发展的三个样本

样本一

现状：新型经营主体涌现，种粮大户舒××一年挣30万。宝应县种粮大户舒××算出“年终账”：通过土地经营权流转种植了520亩的水稻，一年的收入达到30多万元。他十分感慨：种田不一定就比打工差，只要有规模，种田同样能挣钱。现在通过种田发家致富的职业化农民是越来越普遍了。其原因是：规模带来效益，有效益就会有人种地。扬州市在全省率先开展了农村土地规范化流转交易平台服务试点，在政策扶持下，种植大户、家庭农场、农民专业合作社等新型的农业经营主体出现。全市形成了高邮鸭业、仪征生态农业、江都设施园艺、邗江水产水禽等6个50亿元产值的连片特色产业基地。

样本二

现状：社会化服务改变种养模式，种粮大户潘××种百亩水稻当“甩手掌柜”。高邮市卸甲镇农民潘××种了150亩水稻，是当地名副其实的种粮大户。说起种植的农田，他十分轻松地说：“我选择植保专业合作社提供的全程‘套餐’服务，每亩出240元后，耕、种、收等都不用我操心，省力又省心。”下田扛锄头，回家满身泥的传统农业生产景象在扬州一些农业产区正逐渐远去。其原因是：近年来，扬州组建了一大批涉及农机、病虫害防治、加工流通等的社会化服务组织，为农民提供了生产的前中后的全程性服务。目前，扬州市有关农业的社会性服务组织已达到3万家左右。

样本三

现状：多种机制“对接”大市场，产业化经营亩均效益3万元。仪征市刘集镇就曾整合资源，以用来发展食用菌的产业园。最早入园的是扬州市明达生态农业有限公司，其采用“公司+基地+农户”的运行模式，进行规模化的发展、标准化的生产、产业化的经营、品牌化的销售。明达公司负责人指出：该园区已形成有关香菇、金针菇、双孢菇等产业化的生产体系，按正常市场行情，食用菌大棚年亩均收益可达3万元。千千万万的农户小生产难以应对瞬息万变的大市场，这是传统农业的顽疾。为解决这一难题，扬州市建立了“企业+农户”、“企业+基地+农户”、“企业+合作社+农户”等利益联结机制，带动农民增收致富。数量众多的农民合作社，提升了农业的产业化水平。

三、城镇化与农民财产性收入增长

2015年农民的财产性收入占农民收入的比重仅有2.3%左右。农民的财产性收入主要来源于农民拥有的耕地、宅基地、住房和资金等。其中，土地财产性收入主要来自土地的征用（收）、耕地经营权的流转；房屋财产性收入主要是从出租出售房屋、拆迁补偿中获取的收入；资金收入主要由储蓄、民间的借贷、投资等途径获取。除此之外，农民一般还有集体性的财产收入，如集体分配的股利等。

我国农民的财产性收入主要来自银行的存款利息、耕地流转的租金等方面。但因农民的总体收入偏少，增长乏力，除去家庭所需的一些消费性、生产性费用之后，能获得收入的资金极少。但是，在另一方面，农民又掌握着极多的耕地、宅基地、林木等资源，并拥有耕地的承包经营权、宅基地的使用权等财产性的权利。

当前，城镇化加速发展进程中的土地已成为最重要的稀缺资源，且土地市价逐年上升。增加农民的土地财产性收入，是农民财产性收入增加的巨大潜力。望晓东等人曾分析了2010年广东省农民的财产收入构成，指出土地财产收入是农民财产性收入的主要来源，占总财产性收入一半之多。土地财产收入主要来自集体股利的分配、经营权流转的收入以及租金等。如该省佛山市南海区的农民分获集体分配的股利2039元、土地的征用收入1454元、相关租金收入1200元，分别占其财产性收入的42.6%、30.4%、25.1%。创造条件实现农民的土地财产是增加其财产性收入的根本途径。增加农民的土地财产收入，保证农民享受到城镇化发展带来的果实。本研究所说的土地财产收入，是指农民凭借其耕地、宅基地、住房等不动产获取的非生产类收入，有土地的征用（收）补偿收入、耕地的经营权流转收入和房屋的出租收入。

（一）城镇化进程中农民土地征收收入增加

随着城镇化水平的不断提高，城镇人口急剧增加，城镇规模和数量不断扩张，迫切需要大量的土地。在城镇土地开发殆尽的情况下，城镇化发展所需土地不断转向城镇郊区的农村土地，大量的农村土地被征用。国土资源部发布的数据显示，2007年，全国新增加的城市建设用地面积为21.85万亩，2008年新增用地面积上升到27.88万亩，2009年上升到57.6万亩，2014年更是达到1057万亩。2015年，我国为保证耕地用量，减少了27.4%的新增地面积，但新增用地面积仍达到了700多万亩，是2007年的30多倍。历年来这些新增建设用地，大部分都是城市周边的农村集体土地。

在农村非农建设用地的土地流转过程中，农民转让土地的财产权利可以获得合理的补偿。尤其是我国的经济实力和政府财力都大有增加，政府在征用土地时，征地补偿标准逐年上升，大幅度地提高了农民在土地增值效益中的分配额，提高了失地农民的土地补偿收益，是增加其财产性收入的主要途径。

在城镇化快速发展导致土地市价越来越高之际，土地的平均转让价格在2004~2016年间，从329元/平方米上涨到超过1 500元/平方米。2013年3月22日，河北省政府公开发布了最新土地征收补偿标准，秦皇岛海港区和北戴河区土地征收补偿平均数额分别达到149 133元/亩、141 453元/亩，其中海港区的每亩价格最高为21万元。

（二）农村土地流转与财产性收入增加

农村土地的流转机制是指农民在保留其土地的承包经营权的基础上，以土地的交换、出租、入股、合作、抵押等方式，在自愿、有偿、依法、规范的基础上，将经营权转让给其他的农户或经济组织。

城镇化进程中农村劳动力进行“非农化”转移后，促使承包地加速流转是农民土地财产收入增长的另一重要来源。目前，我国已有2.5亿多农民从农村转移到城镇就业、生活，带来了日益严重的农业“兼业化”和农村“空心化”问题。在全国2400万亩的村庄建设土地中，“空心村”中宅基地的闲置面积就达到10%~15%。总体来说，农村土地使用权的流转条件已基本具备。

从国家政策明确禁止农地流转到其规范有序的流转过程中，耕地的流转面积逐年上升，耕地的流转价格也逐年上涨。2015年底，全国农村承包耕地的流转比重超过35%。广东、浙江、江苏等地早在十几年前，就提出地方性的集体土地入市法规。广东一些地区允许农民以转包、出租、转让以及合作等方式流转农地的承包经营权。广东农民通过流转耕地经营权的形式，667平方米的土地每年可以获得500~800元的收入，部分甚至达到1000多元。

农村土地流转增加农民财产性收入的实例：

2013年11月初，桃园村建成了江苏第一个土地流转信托中心，有233户农民通过土地收益凭证取得了长期收益权。桃园村土地股份合作社理事长周建峰表明：每年每亩有1700元的土地租金，还可按约定的比例分红，农民手里的土地收益凭证未来还能转让和继承。早在2008年，江苏就建立了农村土地的规模化流转补助资金，300亩以上的规模化流转，流出户可获得100元/亩（每亩约667平方米）的补助。近年来，仅省财政投入补助额就有4.1亿元。江苏基层通过设立农村土地规模流转补助资金、成立农村产权交易所、明确农地股份合作社法人地位、开展“一权一房”抵（质）押试点等多种形式，一直在创新土地、社区股份产权等制度，全力扩展农民的“土地财产权”，提高农民的土地财产收入。其中，以农民通过承包经营权作价入股的方式为主要方式，并成立了农地股份合作社。全省比较正规的农地股份合作社共有430家，入股的农地面积有280.7万亩。同时，新沂市开展“一权一房”抵（质）押试点以来，已累计投放资金2.1亿元，农村土地承包经营权放款9000多万元。

（三）城郊房屋出租与财产性收入增加

因城镇人口急剧增加、市区房价高涨，城镇的房屋租金费用急剧上升，使得城乡结合处农民的房屋更容易以合适的价格出租。大城市的城中村或近郊附近的农村已成为大量外出务工人员和刚毕业大学生的主要栖息地，农村房屋的出租率有了很大上升，促进了该地区农民房屋租金收入的大幅度增加。

土地是农民最重要的资源，除了可以带来经济生产效益，还具有社会保障的功能。所以，在城镇化进程中，保障农民土地财产权益，充分发挥土地的增值保值作用，可以实现农民土地财产收入的提高，增加农民财产性收入，增加农民收入。

第四节　促进城镇化进程中农民增收的建议

在城镇化进程中存在一些不利因素，导致城镇化发展对农民增收的效果没有充分表现出来，农民收入增长缓慢。因此，要积极探索我国城镇化发展的健康道路，实现人口城镇化与土地城镇化的协调，促进大中城市和小城镇的发展均衡，改革城乡分割的二元社会结构制度，将城镇化发展作为农村居民收入水平提高的一个长期的、重要的战略选择。

一、解决城镇化进程中结构失衡的对策

（一）促进人口与土地城镇化协调

健康的新型城镇化发展含义应该包含：经济城镇化、人口城镇化、土地城镇化、社会城镇化的协调发展。经济城镇化作为城镇发展的动力，主要是指经济的增长和总量的提高、产业结构的优化和升级。其中，第二产业是其直接推动因素，第三产业是其程度大小的关键因素；人口城镇化作为城镇发展的核心，其本质显示的是人的经济与社会活动的转移形式；土地城镇化作为城镇发展的载体，表现的是城镇建设区面积的扩大；社会城镇化作为城镇发展的精神，体现出来的是人们的生产、生活方式、风俗习惯、价值观念等都抽象精神的改变，并向农村地区不断蔓延开来。

促进城镇化的平衡与协调发展，特别要关注我国人口的城镇化与土地的城镇化协调发展。“土地城镇化”冒进式发展的问题，根源在于在没有充分考虑到现有经济条件、发展状况的实际情况下，各地政府盲目地大兴土木、扩大城镇区域面积。城镇化发展不仅表现在其数量或面积的增加，更重要的是人在城镇化过程中的流动，是农村人口向城镇人口转变的过程，以及相应的社会生产力的支持。

（二）促进大中小城镇协调发展

关于城镇的发展规模，长期存在着“大型城市论”“中型城市论”“小型城镇论”之争。“大型城市论”者指出，大城市的发展优势在于基础设施完善，企业规模大，提供的岗位多，对发展第三产业有较高的优势；“中型城市论”者指出，中等城市的人口规模适度，产业结构有了一定的优化，农民就业机会也较多，交通等基础设施也得到规划建设，较适宜农民生活和工作；“小型城镇论”者指出，小城镇（包括小城市和小城镇）的优势在于开发建设的成本低，离农村近，数量多，农民的进入门槛也较大中城市低很多，作为城市和农村之间的连接带，小城镇的发展有着无可替代的

优势。

在现实的发展过程中，它们各自又有着无法避免的缺陷：在大城市的发展过程中，对劳动者的素质要求较高，而且其经济承受能力有限，不可能吸收所有的农村劳动力；中等城市与大城市相似，对劳动者的素质也有一定的要求，且其增加城市就业机会和经济承受能力也有限，也不可能吸纳所有的农村剩余劳动力；且随着农民工向大中城市聚集，出现了不可避免的“城市病”。小城镇地处城市和农村的交界处，有其不可替代的优势，但是，小城镇的经济发展能力和规模聚集效应远不及大中城市，为农民提供的就业机会也无法与之相比。

我国国土面积辽阔、人口众多、农村人口比例大且集中向大中城市流动等情况，决定了我国不可能实行统一的城镇化发展模式，必须贯彻落实科学发展观，实行多元化、多层次的城镇化途径，高度重视并积极建设小城镇，缓解大中城市人口密度过大等的“城市病”问题。具体到东中西部各个地区，应该根据当地的经济、社会、人文环境，以及资源禀赋、区域环境特点等多方面的因素，制定出切实可行的方针措施，因地制宜地确立其城镇化发展目标。

1.促进县域小城镇繁荣发展

在县域范围内重点发展一批经济实力强、发展机制强、促进城乡联动的、有特色的小城镇。发展小城镇必须要建立在坚实的产业基础之上，其中，乡镇企业与农业的发展就是小城镇发展的主要产业基础。将小城镇的发展与乡镇企业、农业产业化发展有机结合起来，是促进小城镇的繁荣发展的动力与基础。

实践证实，很多小城镇都是在乡镇企业的集中地建设起来的。乡镇企业作为农村工业化发展的主体，促进了小城镇中的第二、第三产业的兴起与发展，加速了农村劳动力的转移，带动了周边农村地区的经济和社会发展。乡镇企业在其发展过程中，出现了一些问题。其中，“村村点火、处处冒烟”的分布格局既阻碍了其发展与进步，也不利于其规模化效应发挥。但是，通过县域范围内的小城镇的发展，使乡镇企业在小城镇聚集，既可以发挥乡镇企业对小城镇发展的动力作用，也保证了其自身的发展与壮大。

农业既是农村的基础产业，也是促进小城镇发展的基础产业。一方面，农业产业化发展转变了传统的农业发展方式，大大提高了农业生产率，农业产品的质量和总量都有了很大的提高，是小城镇所需农产品的最好供给者。另一方面，农业劳动生产率的提高，使得转移出来的农村劳动力聚集在城镇，为小城镇及乡镇企业的发展提供需要的生力军。同时，农业产业化实行的产前、产中、产后一体化发展，促进了农村地区相关非农产业的发展，进一步繁荣了小城镇。因此，繁荣小城镇，就要实现其与乡镇企业、农业产业化间相互促进、共同发展。

2.促进大中城市发展

从产业结构变化过程来看，城镇化的发展过程是由第一产业逐渐向第二、第三产业发展的过程，是以第一产业为主的就业人口逐渐向第二、第三产业为主的就业人口的转移过程。在促进产业结构调整升级，第二、第三产业得到快速发展的过程中，城镇基础设施和功能不断得到完善，推动了城镇化的发展。同时，城镇化发展又直接促进了产业结构的优化升级。

随着我国大中城市从劳动密集型的产业向资本、技术密集型产业的升级和发展，一些高消耗、低产能的劳动密集型产业将被转移出去。这些高消耗、低产能的劳动密集型产业结构已不适合大中城市的发展情况，也不再是促进大中城市发展的动力。因此，加快产业结构的优化与升级，促进第三产业的兴起，是大中城市进步与发展的新动力。

二、促进城镇化进程中农民增收的制度创新

（一）创新城乡协调的户籍制度

城乡分割的二元户籍制度是造成农村劳动力不能永久、彻底转移的重要约束。目前，我国农民工的转移不能从根本上完成居住地和职业身份的转变，不利于城镇化的推进。因此，深化户籍制度改革，是积极推进城镇发展、促使农村劳动力流动、提高农民收入的基本制度创新。从这个要求来说，户籍制度的改革不仅要求取消对转移人口的限制及户籍登记办法，更为重要的是创造积极促进农村劳动力自由转移的制度环境，实现劳动力要素在城镇和农村的最优化分配。下面主要从两方面阐述户籍制度的创新。

1.建立城乡统一的户口登记制度

城乡统一的户口登记制度，要求逐步取消原有的城乡分割的农业户口与非农业户口的户口统计方法，建立城乡一体化的户籍登记制度，从而推进城乡分割的劳动力市场制度的取消；使得改革后的户籍制度成为识别人口信息的主要载体，并逐渐形成以职业和居住地为人口划分类型的新型户籍管理制度，实现城乡人口的统一化管理。

2.深化户籍制度改革

深化户籍制度改革要求，分离户籍制度与其相连的各种公共社会福利保障制度。不同城镇的发展规模和水平导致了户籍制度深化改革的难度，因为隐藏在户籍制度之后的附加利益，不同城镇户口的“含金量”有很大的差别。所以，要深化户籍制度改革，就需要弱化不同城镇户籍制度上的附加权利，还原户籍制度管理。

首先，通过系列的配套改革剥离城镇户籍上的福利制度，减弱转移中的“寻租”目的。在城镇户籍福利制度的情况下，劳动力的转移过程就不再是简单的资源重新分配过程，而含有很大的“寻租”目的，最终会造成劳动力的流动失衡，使得劳动力的转移超

出了城乡、区域、产业之间的实际需要。

其次，户籍制度的改革不仅仅是就其本身，更重要的是与其相配套的相关制度的改革。改革与户籍制度联系紧密的社会保障、教育医疗、住房保障等制度，将这些和户籍制度相配套的政策与户籍相脱离，让户籍制度只行使一般意义上的功能，充分实现其人口登记制度功能，使我国的户籍制度没有福利保障的牵挂，没有“身份”的象征。

由于户籍制度改革是一项庞大且复杂的系统工程，不可能一蹴而就，因此，可以先放松小城镇户籍政策（例如放宽县域范围内城镇的落户条件），然后逐步放开一部分大中型城市的户籍制度。积极吸纳符合条件的农村劳动力进入城镇就业、生活，在城镇落户安家，让这些落户农民进入城镇住房和社会保障体系，享有与当地市民同等的权益，解决农民工市民化问题，推进城镇化的发展。因此，深化户籍制度及与其相关配套福利政策的改革，还原户籍管理制度的人口登记管理功能，才能有效合理地配置劳动力资源，积极促进农村劳动力的有序流动，推动城镇化的顺利发展。

（二）改革土地制度促进农村土地流转

1.改革农村土地征用制度

基于本章第二节所述我国土地征用补偿制度中存在的问题，农村土地征用补偿制度的改革应遵循以下三个原则。

首先，严格规定各级政府只能以“公共利益”发展的前提作为农村征地的唯一依据。对于“非公共利益”发展需要的土地，应该以市场交易的方式取得农村集体土地的使用权，而不能通过行政性征用方式取得。在符合有关法规和政策条件下，应该允许农村集体建设用地以同样的市场交易方式，出让转化为城镇的建设用地，以增加农民的土地权益。

其次，以市场价值为被征土地的补偿标准，确保失地农民的收入与生活水平。在测算被征土地的补偿费用标准时，要考虑到土地的市场潜在价值、土地是农民最重要的财产权益等多方面。土地对农民来说，除了具有生产作用之外，更重要的是其充当的社会保障功能。因此，要转变以前的征用补偿测算方法，以一定的市场价值为基础进行补偿测算，提高补偿标准。

第三，取缔农村土地征用的“土地剪刀差”模式，实现农村集体建设用地和城镇国有建设用地之间同地、同权与同值。并且要加大农民在土地利益分配中的比重，确保农民的土地财产权益不受侵害，将更多的征地补偿额返还给失地农民。

2.完善农村土地经营权流转机制

通过加强耕地经营权流转的管理与服务、建立完善的经营权流转市场，在稳定和确保土地承包关系的基础上，在依法、自愿、有偿的原则下，农民可以采取转包、租赁、抵押等方式将农地使用权流转出去，并获得相应的土地收益，为进城镇的农民进行承包经营权的有偿流转提供了制度保障。积极推进农村土地流转机制的建立，明确农民的土地承包权和收益权，有效地解决土地对于农民“弃之不愿、用之无心”的现状。

农村土地的市场流转机制，即是建立以市场为取向的有效的农村土地流转方式。一方面，可以将大部分农民从土地上解放出来，使这部分农民完全脱离对农村和农业的依赖，促使他们进城，完成职业和居住地非农化的转换。另一方面，农村耕地流转的最终目标，是要实现农地的规模化生产及产业化经营。通过农村土地经营使用权的流转，可以将分散的土地资源集中到种田能手中，培育种田大户和农业公司，实现耕地的规模化和产业化经营，提高农业生产效率。通过土地的有效流转能够将大多数的抛荒、双重占用土地流转出来，促使存量土地的盘活，增加耕地面积，既有利于耕地的保护，也部分解决了城镇化建设中的土地需求，有利于城镇化的健康发展。

改革土地征用制度，完善农村土地的流转机制，是农民进入城镇、推进城镇化发展、提高农民土地财产收益的制度保障。只有明确农民的土地承包权和所有权，才能让农民真正分享到工业化、城镇化发展中土地流转的收益。

（三）加大农村教育与培训的投资力度

加快农村文化教育事业的发展，提高农村劳动力的整体素质，对农村及农民的发展极其重要。近年来，农村劳动力素质低下已经成为制约其转移就业、增收及城镇健康发展的关键性原因。只有高素质的农村劳动力才能为农民增收和城镇发展提供源源不断的、强劲的原动力。所以，必须加大对农村居民的文化教育投入力度，加强对农村劳动力的技能培训，以提高其文化素质和职业技能，并要将提高农民的文化水平和科学技术水平作为一项长期的政策来执行。

1.保障农村基础教育的实施

必须切实落实九年制义务教育，依法确保农村青少年的受教育权，在此基础之上，大力支持农村教育事业的发展。保证农村青少年接受正规的文化教育，具有城镇文明的基本素质；强化农民职业技能培训，掌握从事一般非农产业生产的基本技能，才能保障为城镇发展提供高素质的农村劳动力，以及农民收入、生活水平的真正改善。

2.开展有针对性的职业技能培训

各地方政府要根据其发展情况和市场需求，加大财政投入力度，以提高转移就业的职业技能培训为主，有针对性地对农村劳动力进行各种职业技能培训，目前培训的重点可以包括建筑、家政、餐饮、酒店等行业所需的职业技术。可以通过发放一些培训补贴或奖金吸引农村劳动力参加培训，同时，还应鼓励用人单位积极组织农民工参加职业技能培训，所用的培训经费可以计入单位财务的成本中。通过政府和企事业单位等多途径提供职业技能培训的方式，必定能够促进农村劳动力职业技能水平得到很大的提高。

3.加强法律道德教育

加强“爱国守法、明礼诚信、团结友善、勤俭自强、敬业奉献”等基本道德规范的宣传力度，增强农民的法律意识和法制观念，要做学法、知法、懂法、守法的合格公民，并知道通过运用法律途径来维护自己的合法权益不受侵犯。

（四）完善农村社会保障制度

农村土地既承担着农民的生产功能又是其社会保障功能的主体，在很大程度上制约了农村土地的有效流转、农村劳动力的流动，不利于城镇化发展、农民收入的增加。要通过建立健全农村社会保障制度，逐渐削弱农村土地所承载的社会保障功能。建立和完善农村社会保障体系，就是要促进农村医疗、保险、福利保障等制度的发展，保证农村居民和城镇居民享有同等的福利权益和经济发展成果。因此，建立全国统一的社会福利保障制度就显得十分重要。一是可以以国家的财政收入与农村的土地转让金为主，以“工业反哺农业”等途径为辅，来集资筹建农村的社会保障基金；二是完善基金的管理与监管制度，要做到合法、公开、透明；三是在确保基金安全稳妥的前提下，可以通过购买国债或其他高质量的股票、金融债券等投资方式，来实现社会保障基金的保值与增值。

在建立、完善农村社会保障体制的同时，要注重逐步推进城乡一体化的社会保障体系的实现。可以先将进城的农民工纳入到城镇社保体制中作为一个突破口，落实与农民工密切联系的工伤、医疗、养老保险等社保制度。其中可以重点实现的是养老保险的城乡一体化，将一部分具备进城落户途径的农民工及其家属直接纳入城镇职工的养老保险范畴。对于流动强度大的农民工，可以按照“低费率、广覆盖、可转移”的原则，以建立以个人账户为主、社会发展为辅的养老保险制度，或将其加入新型的农村社会养老保险体制中。

第四章　农业现代化发展对农民增收的影响

第一节　农业现代化发展概述

一、农业现代化发展理论

我国现代化发展进程是指国民经济主体由农业转变为工业的缓慢过程，在这个过程中，农业始终作为基础性产业不会改变，是我国经济社会稳定发展的基础。在我国现代化的建设中，农业现代化的发展必不可少，如何在目前农业现代化远远落后的格局下，大力推进农业现代化的发展从而同步协调发展“四化”更是关键所在。农业发展是阶段性的，是一个循序渐进的过程。因此，从理论上理清农业发展脉络，能更为正确和科学地认识和理解我国农业现代化之路。

（一）蒂默的农业发展四阶段论

蒂默的农业发展四阶段论指出：

第一阶段是指农业起步阶段。农业是所有产业发展中基本上唯一重要的一个，是对国家经济增长贡献度最高的，在这个阶段时政府对农业课税或者从农业汲取资源是政府仅有的收入来源。通过给予农业部门一些资源之外，刺激农民使用农业新技术，从而获取投资收益，逐渐过渡到农业发展的第二阶段。

第二阶段是指农业作为经济增长的主要贡献者，政府通过对农业直接或者间接课税以及介入城乡间贸易等方式吸收农业剩余，促进经济发展。

第三阶段是指农业部门与宏观经济的结合阶段。即进一步汲取农业资源，农业经济逐渐与宏观经济相结合，此时的农业部门更容易受到宏观经济以及贸易活动的影响，农业经济发展不稳定性以及复杂性综合衍变为农业的第四阶段。

第四阶段即工业化中的农业，这个阶段中农业份额进一步下降，家庭支出中食品消费支出份额持续降低，农业不再占据主要贡献地位。这种情况下，政府如何合理保护农业发展从而达到经济产业共赢是关键所在。

（二）梅勒的农业发展三阶段理论

1966年美国农业发展经济学家约翰•梅勒根据发展中国家的农业实际发展情况，提出了农业发展理论，把传统农业向现代农业转变划分为以下三个阶段。

1. 技术停滞阶段

技术停滞阶段即生产的增长主要依靠农业生产要素的投入为特征的传统农业阶段，技术停滞且农业呈现静态特征。

2. 劳动密集型技术进步阶段

农业的发展是以劳动型或资本节约型技术的稳定发展和运用、资本使用量较少为主要特征，即低资本技术农业阶段。农业是所有产业中规模最大且贡献度最高的，人口增长以及收入增加对农产品需求也在不断上升，同时也抑制了农业生产规模的进一步扩大。在这个阶段仍然以提高农业生产效率和农业效益为关键，传统农业逐步向现代农业转变。与此同时，工业产业资本报酬不断增加，工业也在逐步发展。

3. 资本密集型技术进步阶段

农业的发展以资本集约使用以及技术高度运用为主要特点。此时，农业不再占据核心地位，工业等非农部门的发展使得农村剩余劳动力逐渐转移，农业人均经营规模上升，农业生产效率提高，农民人均收入得到增长。另外，劳动力较为紧缺和资本需求量较大，对于提高农业生产效率和土地产出效率的农业技术需求更加迫切，即农业现代化阶段。

（三）速水佑次郎的农业发展三阶段理论

日本经济学家速水佑次郎于1988年提出了“速水农业发展阶段论”，将农业发展分为三个阶段。

1.以提高粮食生产和供给数量为特点的发展阶段

农业处于初步发展期，其他产业较弱不能为农业提供帮助，国家经济的发展主要依靠增加农业产出。该阶段主要任务是提高农产品产量。

2.以主要解决并改变农村贫困现象为特点的发展阶段

农业产出增加然而农产品价格处于较低状态，农业生产效益不能有效提高，农民整体收益颇受影响。这个阶段中，政府主要通过完善农产品价格机制、健全农产品的补贴政策等来提高农业生产效益，保障农民收入。

3.以调整与优化农业生产结构并发展可持续农业为特点的发展阶段

在该阶段进一步通过农业自身产业结构调整和优化，达到生产效益最佳水平，从而达到农业可持续稳定性增长。因此，调整农业结构是该阶段的主要手段与目标。

二、农业现代化促进农民增收的理论机制研究

农业现代化的发展是促进农业发展方式转变、提高农业生产效率和促进农民增收的必经

之路，是推进我国现代化进程的着力点和必然要求。尤其是在农业现代化的发展远远滞后于城镇化、工业化进程的格局下，这块突出的“短板”是当今研究内容的重中之重。农业现代化发展落后严重影响到农民收入的增长，进而对于缩小城乡差距贡献微弱，阻碍了全面建设小康社会的进程。农业现代化关键在于它能够从农业科技创新和农业产业化经营、土地流转、国家农业保障体系、农业可持续发展以及同步协调发展“四化”方面，综合协同提高农业生产效益，从而提高农民收入。具体来讲，农业现代化促进农民增收是通过以下机制实现的。

（一）农业科技创新的踏板效应

在资源有限的前提下，追求农业可持续发展，唯有不断加大科技创新力度。科技创新水平在一定程度上可以反映出我国对农业的投入力度。农业投入水平可以从人力和农业基础设施两方面来考虑，其中，人力资本的投入分为农业专业科技人员的培养和新型农民的培育。随着农业科技水平的上升，对农业技术人员的专业性以及现代化农民的知识素养等要求更为严格。农业踏板原理认为，在利润的主导下，农村居民率先使用新兴技术以及后来农户被迫采用该新兴技术，供给曲线向右移动的过程中使新兴技术带来的超额利润消失，这一现象称为“农业踏板”。在市场竞争的环境中，农村居民要实现利润的最大化或者避免收入下降，只能不断使用新技术。提高农业科技水平是推动我国农业转型升级的必然要求和必然选择，大力研发农业科技、培育现代新型农民正是农业现代化的一个重要体现点，当今资源禀赋有限且处于农业发展的瓶颈期，依靠科技创新促进农业转型已成为新的机遇和考验。农业科技的发展以及农民文化水平和素质的提高对于扩大生产规模、提高农业生产效率从而提高农户收入水平具有重要影响。另外，农业技术水平的提高对于农业基础设施的同步完善有较高要求，否则难以将理论中的新兴农业技术运用到实践中去发挥功用。机械化的发展始终是传统农业转化为现代农业过程中的重要组成部分。随着机械化水平的逐步提高，手工作业的低效率转变为机械操作的高水准，在节省人力的同时也极大地提高了生产效益。

（二）农业产业化的规模经济效应

西方的产业组织理论研究的主要问题是，在鼓励市场竞争的条件下，如何充分利用规模经济，避免过分竞争造成的一些资源浪费。增加农户的人均耕地面积，逐步实现规模化经营，扩大专业化和机械化作业面积，使得农户的投入成本不断下降，从而实现土地产出效率以及农民综合收益的增加。在农业发展的现阶段，农产品专业化水平不高及加工程度较低，致使农产品产量较高的情况下农户收益仍然不高。农产品属于生活必需品，农产品的需求价格弹性一般来说小于1，即属于缺乏弹性的商品。农产品的价格降低不但不会使农户收入增加反而会使农户销售收入减少，原因在于农产品降价引起的需求量的增加所给农户带来的收入增加并不能全部抵消农产品价格下降造成的收入减少，这也就是所谓的“谷贱伤农”以及“丰产不丰收”现象的根由。在这种情况下，提高农产品加工程度，根据市场需求对农产品进行精准定位和包装，才能从根本上解决农民增收困难的局面。应通过不断完善农产品生产、加工、流通、销售等渠道和产业链环节，提高农业标准化程度，实现农业产业化经营。不断丰富农产品的形式和特点，不但满足了消费者的多样性需求，更重要的是在提高农产品附加值的情况下大大地提高了农业生产的核心竞争力，并促使农民增收。

（三）农业支持保障的调节分配作用

与发达国家对农业补贴的力度相比，我国对农业的支持保障始终处于较低水平，这在一定程度上削弱了农业的竞争力，更重要的是减少了农民的利益成果。保障粮食安全是关系到一国命脉的重要战略方针，因此，时刻重视农业生产是必然要求。亚当·斯密认为，若由私人经营一些事业或者公共设施时其收益不能补偿费用支出，政府必须提供或者资助这些公共品服务。另外，即使私人经营一些公共品的收益大于支出，人们也不情愿提供这个服务，因为公共产品的非排他性和非竞争性使人们都存在“搭便车”行为。农业产业中所涉及的水利、交通通信设施、教育以及农业科研投入等，农业生产所需要的生态资源和自然资源等，都具有非排他性和非竞争性的特征，需要政府来提供支持保障，从而对处于弱势的农业产业加以保护。应完善财政支农政策，充分发挥财政支农资金的引领作用，通过补贴、风险补偿以及税收减免等方法保证农民享受到应得的利益成果。

（四）抗风险保障机制对农民收入的影响

在自然灾害、农业生产风险的冲击下，除了国家支持保障政策之外，建立并完善农业自身抗风险体系对于减少农民受灾害程度、促进农民收入持续稳定增长具有重要的保障作用。在严重沙化耕地以及陡坡耕地等不适宜继续耕种地区实施退耕还林等措施，对修复区的农民给予财政奖补等退耕地补偿，使得该地区农户收入相对于补给之前提高很多，甚至相比那些相对收入水平较低的农民增收效果更加突出。另外，退耕之后农业产业结构调整速度加快，对于提高农业综合生产能力有很强的推动作用，有助于进一步提高农业生产效益，实现农民收入持续稳定增长。不但如此，退耕之后农村劳动力向城镇转移速度加快，工资性收入大幅度增加。总之，应建设生态农业，在保护农业资源环境的同时，为农民开辟一种新的生产经营模式，有力保障其收入得到稳定增长，实现资源环境和农业发展及农业增收的双赢局面。

（五）“四化”协调发展对农民收入的影响

世界银行《东亚经济发展报告（2006）》提出了“中等收入陷阱”（Middle Income Trap）的概念，认为一些中等收入经济体进入高收入阶段之后陷入经济增长停滞阶段，既无法在工资方面与低收入国家竞争，也没有精湛技术与高收入国家抗衡。我国在一系列改革卓有成效的今天，若农业现代化与城镇化、工业化不能同步发展，也会有掉入“中等收入陷阱”的风险。应推动农业现代化与城镇化的同步发展、警惕我国现存的“浅度城市化”现象发展、重视城乡一体化建设、提高农民工资性收入的同时，真正让农民“市民化”，享受公平平等的公共服务。另外，工业化已经发展到一定阶段，通过工业反哺农业，可为农业现代化的发展提供强有力的支撑，从而综合协调发展农民各种来源性收入，缩小城乡收入差距，为我国经济持续增长提供新的着力点。

第二节　我国农业现代化发展历程及现状分析

一、我国农业现代化发展历程

1978年党的十一届三中全会同意将《中共中央关于加快农业发展若干问题的决定（草案）》发到各省、市、自治区讨论和试行。中共十一届四中全会正式通过了《关于加快农业发展若干问题的决定》（以下简称《决定》），提出“要集中精力迅速发展农业，逐步实现农业现代化”。《决定》中关于实现农业现代化的部署在实施改革开放后我国农业的发展以及农民的增收中有重要的贡献，其中的部署战略至今仍然具有极强的适用性，主要集中在以下几个方面：培养农业科学技术人才和提高农民的科技文化水平；积极发展农业机械化，提高劳动生产率；发展农产品加工业，逐步实行区域化、专业化生产；组织好农业工业布局，加强城市对农村的支援。

1998年党的十五届三中全会通过的《中共中央关于农业和农村工作若干重大问题的决定》分析了国内外形势，研究了农业和农村工作，认为“三农”问题是关系到我国现代化建设的关键所在。并强调“没有农业的现代化就没有整个国民经济的现代化”，提出农业现代化的发展关系到我国社会主义现代化建设的成功与否，深刻体现了我国在经济发展历程中对农业现代化问题的重视程度。会议通过总结改革开放二十年农村改革经验，确定了科教兴农、家庭承包经营基础上发展农业产业化经营、改善农业生态环境、保障农业可持续发展等发展方针。

2008年党的十七届三中全会通过的《中共中央关于推进农村改革发展若干重大问题的决定》正式把走中国特色农业现代化道路作为基本方向，坚持健全以工促农、以城带乡长效机制，增加农民收入、保障农民权益，推动农村经济社会的健康发展。同时，该决定也提出了积极发展现代农业的一系列策略，如推进农业科技进步和创新、提高农业设施装备水平、完善农业产业体系、转变农业发展方式等。

自1982年至1986年，我国政府连续五年发布了以“三农”为主题的一号文件，2004年起中央又连续12年发布关注“三农”的一号文件，尤其是2014年和2015年中央一号文件均以农业现代化为主要内容，不仅体现了我国改革开放以来对发展农业的重视程度，其中以解决“三农”问题为重中之重，而且近两年尤为重视农业现代化的推进和建设，如加大农业科技创新力度、提高农业机械化水平、健全农业保障体系、建立农业可持续发展机制、促进城乡一体化发展等，努力建设中国特色新型农业现代化道路。

二、我国农业现代化发展现状分析

分析目前我国农业现代化的现状及存在的问题，对于更好地推进农业现代化具有重要的作用。

（一）农业科技创新水平较低，农业经营方式较为粗放

2012年中央一号文件突出强调了农业科技创新的重要作用，认为农业科技创新是加快建设现代农业、实现农业可持续稳定发展的决定性力量。然而，目前我国对于农业科技创新的投入相比一些发达国家仍处于较低水平，农业科技成果也并不丰硕。另外，受农业科研及推广投入水平、推广评价体系以及农业生产管理体制的影响，农业科技成果的推广在全国范围内存在不同程度的阻碍和制约，进而影响到农业科技的有效应用。如果农业科技成果无法得到有效实施，不但会影响到农业科技效率的提高，更重要的是前期的投入周期拉长影响后期投入。科教兴农的战略旨在转变农业生产方式，低级农业科技水平无法有效促使粗放型生产方式向集约型转变，阻碍了农业生产效率以及农业效益的提高。我国农业经营长期以来是较为粗放的方式，农产品一般只是经过初加工甚至不加工直接进入市场，越来越无法满足现代人的消费需求。另外，如果农户不懂得对农产品进行分类或者加工，会使得农产品收益大部分流到商家，农户分享不到应有的效益。

（二）农业支持保障体系不健全

虽然近年来我国愈加重视“三农”问题，财政支农资金不断增加，但是财政支农力度仍然不足。财政农业支出直接影响到地方农业基础设施的完善以及良种的普及等多个方面，财政农业支出对农民生产经营的引导力度不够，无法使国家政策得到有效执行。非但如此，财政支农资金的效率也不高，一方面，涉农资金种类较多致使管理成本较高；另一方面，涉农资金使用不到位从而影响到农业效益。如农业补贴指向性不明确以及不够透明公开等，不能准确了解到农业补贴的效果。另外，政府对农业的支持保护不能凌驾于市场配置资源之上，影响到农产品价格机制的形成，否则无益于长期有效保障农民收益。

（三）农业生态环境破坏较为严重

农业生态环境是提高农业生产经营效益、提高农民收入的重要基础。考虑到我国人多地少、水资源紧缺的基本国情，保障粮食安全已成为重大发展战略。改革开放以来，农业的发展中缺乏对农业生态环境的保护意识，忽略了生态友好型环境对于长期稳定发展农业的重要性。目前，我国的耕地保护制度实施得不够彻底，非农建设占用耕地现象较为常见，无法保障耕地的有效利用。农业化肥、农药等大面积使用已经严重污染了土

壤、水源等农业环境，加上耕地沙化现象日趋严重，都影响到农业生产效益的持续性提高。另外，我国关于保护农业生态环境的一系列法律法规在实施过程中也大打折扣，在治理污染源、耕地保护方面效果甚微。生态公益林建设、天然林保护等力度不够，削弱了农业防灾、减灾及抗灾能力。

第三节 推进农业现代化、促进农民增收的政策建议

一、提高农业科技创新和产业化水平，增强农业核心竞争力

考虑到我国资源紧缺的基本国情，依靠科技创新来提高农业投入水平，改变农业发展方式、保障农业的可持续发展是必然选择。根据目前我国农业科技创新存在的有关问题，提出以下政策建议：

（一）加强农业科技创新投入力度

不仅要研究如何引进并完善农业先进技术，更重要的是深入研究农业工程与技术的发展与应用。健全对于农业科学技术创新的奖励激励机制，才能充分调动研究人员的积极性，提高我国农业自主研发能力。同时，将财政资金投入到农业科技创新的研究方面，可以获得比其他方面更高的收益和回报。

（二）健全农业科技成果推广机制

农业科技的推广应用是农业科研的原动力，对农业科技创新成果推广的投资应逐步达到投入农业科研的2~2.5倍。需要培育新型农民，高度重视农业科技成果的应用培训，引导农户积极采用新技术。依靠当地龙头企业带动小规模农户，加强农业专业化、标准化和集约化生产，有效发展当地支柱产业和优势资源。与此同时，加大对农产品初加工和深加工的奖励和引导力度，根据市场的多样性定位以及不断变化的市场需求，提高农产品生产效益，解决农户增产不增收的难题，真正让农户享受到农业现代化带来的成果。针对消费者对农产品要求越来越高的情况，在规模化生产的同时，不断提高农产品质量，利用地域资源禀赋，发展当地特色高质量农产品，提高农产品竞争力，不仅有助于满足消费者的多样化需求，更能帮助农户实现收入的大幅度增加。

二、通过完善农业支持保障体系巩固农业基础地位

我国财政资金对于农业的投入在不断增加，但是，财政支农对于促进农民增收的效

果并不理想。

（一）应当进一步加大地方财政资金对农业的倾斜力度

这是充分发挥我国财政支农惠农政策增收效应的必然要求。应根据地方农业发展情况相应地增加财政农业支出增幅在地方预算支出增幅中的占比，这不仅体现出我国地方发展经济中对于农业经济的投入力度，更是加快推进农业现代化的必然选择。

（二）优化财政支农资金支出结构，提高资金使用效率

只有加强投入农业科技发展和农业生态环境的建设，才能真正实施科教兴农，保障农业可持续发展，从而促进农民持续性的稳定增收。农业资金使用效率关系到是否真正达到使用目的，只有做到物尽其用才能真正保障农民的利益。按需求减少财政支农资金的冗杂种类，提高资金使用的透明度，加强公共监督，以最少的成本达到最高的效益。

（三）健全农业支持保障体系

“三农”问题的解决不仅仅靠农业的发展，还应以农村基础设施及服务水平的提高为切入点，逐渐提高农民素质和农业发展水平。

三、加强建设生态友好型农业以保障农民收入持续增长

为保障农业的可持续发展，促进农民收入可持续稳定增长，农业生态环境的保护不可或缺。

（一）保护农业经营土地资源

应该加大对农业经营土地资源的保护力度，包括对耕地政策的严格实施和耕地污染的全面治理。加快并严格落实我国的耕地政策，从根本上解决农业用地的紧缺并保障农业的基本发展需求。在此基础上，全面治理农业经营用地的污染情况，推广生物有机肥和对土地资源危害性较低的农药等，保障生态清洁，实施秸秆以及畜禽类粪便等资源再利用，给农业生产创造一个健康可持续的经营环境，推动循环经济和生态农业的发展。

（二）提高农业防灾抗灾能力

稳步推进生态公益林建设，提高对重大林业工程的投入力度，有效保护林业资源并强化水土保持。同时，健全对农业生态保护的问责制度，更有助于具体落实保护农业经营环境政策，这离不开农业信息化管理，是一个漫长的发展过程。另外，完善农业风险预警防控体系和农业风险保障机制，帮助农业生产者积极防范自然灾害以及市场风险，从外部预防和事后解决环节上综合强化提高农业防灾抗灾能力，这对于保障农民收入稳定性增加具有重要作用。

四、协调城镇化、工业化、信息化发展，促进农民增收

（一）积极促进城市对农村发展的辐射带动作用

城市化进程中吸纳了农村剩余劳动力，增加了人均农业生产效益，也提高了农民工资性收入，对于农民增收具有促进作用。然而，针对现阶段我国城镇化带动、辐射作用不明显的问题，应该联动发展城乡产业，积极发挥城镇地区第二、第三产业对农业的带动作用，促进对农产品多样化需求以及农业的标准化生产。除此之外，城镇化为农业发展提供雄厚资金、技术、人才和市场支持，包括农业基础设施的完善、农业发展的资金支持等，均能有力地促进农业现代化的建设，为农民增收提供有力保障。

（二）工业反哺农业，为农业发展提供强有力支撑

工业化的发展离不开科技创新孕育的良好科技创新环境，它能为农业的发展提供了技术条件。应提高农业科技水平以及物质技术装备条件，促进农业生产经营的机械化和专业化，为农业现代化的发展提供技术支撑。另外，要统筹规划和联动推进产业发展，发挥地区资源优势，引导农产品符合多样化、优质化需求。

（三）发展农业信息化经营

随着新兴信息产业的蓬勃发展，信息化水平日益提高，对农业新兴技术普及以及农业科学知识传播有重要作用。应加大信息技术在农业生产经营过程中的普及范围和程度，提高农业信息化经营水平。在农户基本生产经营的规模化生产中运用信息化管理流程，不但能减少人工成本，还能实现农业信息共享，有助于提高农业生产效益。

第五章　农业产业化发展对农民增收的影响

第一节　农业产业化发展影响农民增收的理论基础

对于农业产业化的理论基础，很多专家从不同的方面都做了论证，比如规模效益理论、分工协作理论、交易费用理论、制度变迁理论等，而对于农业产业化对农民收入影响的理论却较少论及。本章从产业组织理论、交易费用理论、市场机制理论三个角度探讨农业产业化发展对农民收入影响的理论基础。

一、产业组织理论

产业组织理论（Industrial Organization，简称IO），是运用微观经济学理论研究市场在不完全竞争条件下的企业行为和市场构造，研究产业内企业关系结构的状况、性质及其发展规律的应用经济理论。这里的“产业”是指生产具有密切替代产品或服务的企业集合，产业内企业间的市场关系和组织形态就称为产业组织。该理论研究的核心问题是：在保护市场机制竞争力的同时充分利用“规模经济”，具体来说，就是在各种生产要素投入既定的情况下，要想达到资源配置最优的状态，既要鼓励市场竞争，使企业在竞争中获取足够的推动技术进步、实施科学经营管理和提高企业经济效益的动力，同时，还要充分利用规模经济，发挥其作用，使产业内的单位成本降到最低，从而避免因过度竞争而带来的低效率。

西方产业组织理论在其发展过程中共出现过三个主要的学派：哈佛学派、芝加哥学派和新产业组织理论。哈佛学派以截面分析法推导出企业的市场结构、市场行为和市场绩效之间存在因果联系，即市场结构决定企业在市场中的行为，而企业行为又决定市场的经济绩效。这便是产业组织理论中的“结构－行为－绩效（structure-conduct-performance，简称SCP）”分析范式。哈佛学派认为高度集中的市场容易产生垄断合谋并形成限制产出、固定价格、市场协议分割、默契的价格领导等行为，进而影响市场绩效，所以必须通过法令来限制这类行为，防止垄断行为的产生。而芝加哥学派则认为，企业规模的扩大不仅不会造成社会资源的浪费，反而会因为平均成本的降低提高了资源的利用率，提出不能以集中度的高低和规模的大小来判断一个企业是不是垄断企业，政府也不应该对大企业实行强硬的反托拉斯政策，主张维护市场机制、鼓励竞争，反对政府干预。新产业组织理论引入博弈分析的方法，认为公司可以通过内部组织结构、合作等各种非市场制度安排来解决传统的市场问题。

按照产业组织理论的SCP分析范式，我国传统的小农经营模式中农产品市场属于过度竞争市场，必然造成市场低效率。农业产业化经营通过种养加、产加销一体化，提高农业组织化程度，实现规模经营，改善农业的市场结构，从而提高市场绩效，降低生产成本，进而保障农民农业生产收入的稳定性，促进农民收入增长。正因为如此，产业组织理论构成本研究分析农业产业化发展对农民收入影响的重要理论基础。

二、交易费用理论

交易费用（或交易成本）是在交易过程中所发生的一切费用的统称。按照交易时序的不同，交易费用的构成包括发现交易对象和交易价格的费用、讨价还价的费用、订立交易合同的费用、执行交易的费用、监督违约并对其制裁的费用以及维护交易秩序的费用等。在市场经济条件下，农户家庭经营的市场交易成本是农民获得农业生产收入必须要支付的成本，是农民运用市场机制组织生产、供应和销售所发生的费用，主要包括策划、执行和监督市场交易的成本。但是，我国从事农业生产的农民大多文化素质不高、获取和分析市场信息能力有限，在农户和市场信息不对称的条件下，农民收集、处理市场信息、寻找交易伙伴乃至发生交易关系等所产生的交易费用很大，严重阻碍了农民收入的增长。

诺斯提出经济增长的根本原因是交易费用的降低，而降低交易费用的关键在于制度变迁，一种提供适当个人刺激的有效产权制度体系是促进经济增长的决定性因素。所谓制度变迁是指新制度产生、替代或改变旧制度的动态过程。学术界把制度变迁分为两个基本类型：自上而下的强制性制度变迁和自下而上的诱致性制度变迁。强制性制度变迁是指由政府或者其他权威机构以行政命令的方式推行的制度变革，例如我国的计划生育制度、税收制度、政府职能的转化等都属于强制性制度变迁。诱致性制度变迁是指人们为争取获利机会自发倡导和组织实施对现行制度安排的变更或替代而创造新的制度安排，是人们在追求由制度不均衡引致的获利机会时所进行的自发性制度变迁，例如农业产业化经营就属于诱致性制度变迁。

在农业产业化经营的方式下，由各种农业产业化组织来支配资源配置，统一收集、处理市场信息，销售农产品并进一步开拓市场，将市场交易内部化，大大降低农户策划、执行和监督市场交易成本，从而促进农民收入增长。

（一）降低策划市场交易成本

策划市场交易成本是指农户为进行合理的农业生产资源配置而支付的市场调查和预测的费用，以及由于市场信息失真或滞后导致决策失误而带来的损失。尤其是对于生产商品性农产品的农户而言，信息是经营决策的主要依据。农业产业化组织由于具有专业的市场信息调查人员，能够较准确、完整地收集市场信息、预测市场变化，指导农户提高农业资源配置效率，生产适销对路的农产品，引导农户进入市场，增强市场竞争力。

（二）降低执行市场交易成本

执行市场交易成本是指农户在购买生产要素和销售农产品的过程中，寻找交易对象、讨价还价、订立交易合同、交割商品等所发生的费用。由于我国大多数农户生产规模小、交易总量和批量不够大，在交易市场上处于弱势地位，讨价还价能力低，出现增产不增收、“谷贱伤农”的现象。农业产业化通过合同等方式实现了企业与农户的有序交易，降低农户寻找交易对象、订立交易合同等交易费用。

（三）降低监督市场交易成本

监督市场交易成本是指农户为防止和解决市场交易纠纷以保障自身权益所发生的费用。农业产业化组织有严密的管理系统和规章制度，当发生交易纠纷时，农户可通过农业专业合作组织或者农协来维护自身的合法权益，大大降低农户防止交易纠纷和处理交易纠纷的费用。

从以上分析可以看出，农业产业化组织通过与农户的一次性交易代替批发市场中农户与批发商之间的多次交易，从而使农户的交易费用得到降低，促进农民收入增长。所以交易费用理论也是分析农业产业化发展对农民收入影响的重要理论基础。

三、市场机制理论

（一）比较效益论

农业是我国国民经济的基础，但却是弱质产业，比较效益长期低下，主要是因为农产品的加工和运销环节所带来的增值为工业和贸易部门所有，使得农民收入增长缓慢。然而，在农业产业化经营的条件下，将农业生产的产前、产中、产后三个环节连接成一个完整的产业体系，集服务、生产、加工、运销为一体，进行专业化、规模化、社会化的大生产，发挥组织协同和产业协同的效应，形成规模经济，使得农业生产率必定比工业生产率相对增长得快，从而提高农业的比较效益，增强农业产业在市场中的竞争力，使农业有可能成为成本利润率最高的产业。

在我国发达地区，一些企业家已经成为农业产业化经营的引导者和组织者，加上我国农业劳动力费用低，致使农产品的加工业及其他劳动密集型加工业具有很大的优势，加工成本低、增值率高，因而发展农业产业化的过程中，农业生产率比城市大工业生产率增长更快。在农业产业化经营的条件下，农业生产率增长快，农业产业链的延长和农产品附加值的增加，提高了农业的比较效益，是农业由弱质产业转变为强势产业的物质基础。

（二）市场竞争论

市场经济是强者经济。我国农业实行家庭联产承包责任制，农户分散、独立经营，在市场竞争中处于弱势地位，难以进入社会化大市场。在农业产业化经营的条件下，包括农户在内的多元参与者作为联合经营主体，以龙头企业为中心形成新的合力，在涉及农产品生产、加工、运销及集约化养殖业组织社会化大生产，农户就不再是弱者，而是以平等的贸易伙伴身份或法人地位参与市场竞争，合理分享市场交易利益。在农业产业化经营中，龙头企业、农户及其他参与者作为市场主体，联合起来参与市场竞争，可以显著提高农业生产率、降低交易成本，从而拥有较高的产品适销率、市场占有率和成本利润率。

（三）平均利润论

农业产业化经营不仅可以提高农业的比较效益，还能达成产业利润平均化，这是市场机制配置资源的最终体现。产业化经营的多元参与主体以各自的优势参与市场竞争，追求利益最大化，经过反复的市场博弈消除垄断、达成公平、形成平均利润，即通过不断的竞争，农业生产的产前、产中、产后各环节大体上获得平均利润。这是市场竞争的必然结果，也是农业产业化所追求和各参与主体所能接受的目标。

（四）利益共同体理论

多元参与主体之间结成“风险共担、利益均沾”的经济利益共同体，是农业产业化经营赖以生存和发展的基础。通过利益共同体与市场相结合的利益调节机制达成各参与主体的共同目标和其个别目标，实现这两个目标的最佳结合和利益的合理分配，是农业产业化健康发展的保证。农业产业化系统内的“非市场安排”和系统外的市场调节相结合，是一种特殊的资源配置方式，也是经济利益共同体最基本的运营特点。从内部结构看，利益是农业产业化多元参与主体组成利益共同体的核心，围绕这个核心，利益共同体的基本框架由五大要素组成（见图5-1）。

1.非市场安排

农业产业化系统内的“非市场安排”是农业产业化组织与签约农户的特殊利益关系，也是一种特殊的资源配置方式。主要体现在以下几个方面：资金支持、无偿或抵偿服务、低价供应或赊销生产资料、保护价格等。

2.运营约束机制

运营约束机制是保证农业产业化各利益主体互利互惠关系实现的基础，因此，农业产业化各参与主体从一开始就界定明确的产权关系，对农业产业化经营真正成为产权明晰、自主经营、自负盈亏、自立发展的经济实体，以及成为“风险共担、利益共享”的经济共同体至关重要。另外，在农业产业化经营过程中，农户与农业产业化组织之间力量悬殊，为了防止农业产业化组织以其主导地位侵害农民利益的现象发生和农户出现违约的现象，必须建立有效的运营约束机制。从农业产业化组织与农民的联结关系和要素的组织方式看，农业产业化采用的运行约束机制主要有：市场约束机制、合同（契约）约束机制、股份制和合作约束机制、租赁约束机制和专业承包约束机制。

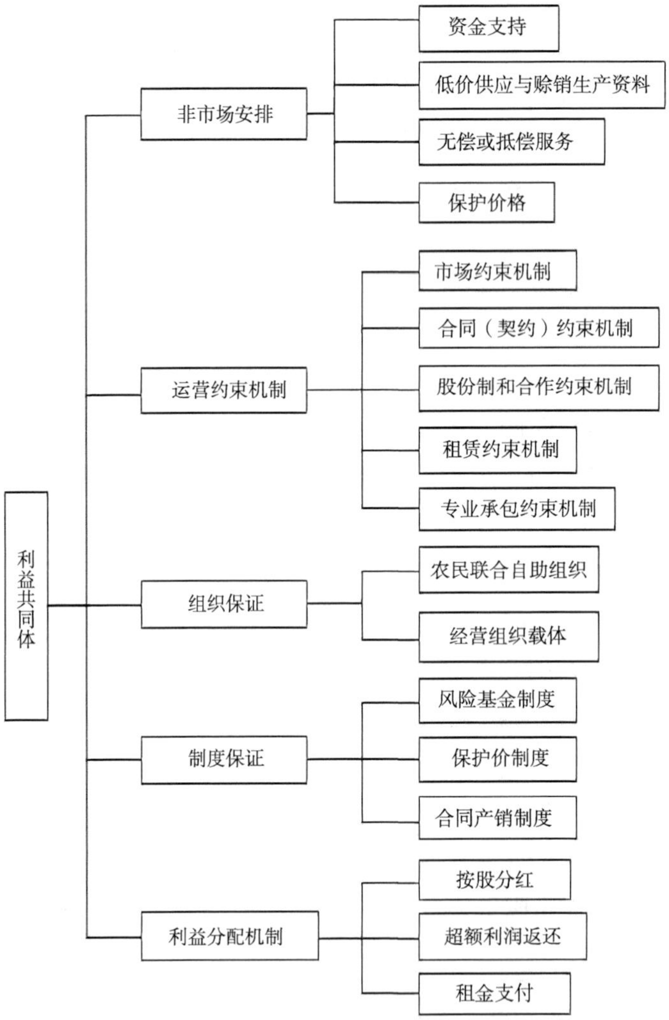

图5-1 农业产业化经营系统利益共同体基本框架

3.组织保证

农业产业化经营需要有一个代表农民的中介组织，连接农户与企业，协调两者之间的利益关系，充当利益联结机制的载体。

4.制度保证

在农业产业化经营的过程中，是否具备完善的制度保障直接影响着企业与签约农户参与农业产业化经营的经济行为。在市场经济条件下，建立完善的制度保障一方面体现了农业产业化组织让利于农民的宗旨，另一方面还要以合理的价格杠杆体系为基础，做到以市场供求关系为基本平衡点，以价格杠杆体系为基础，根据市场供求情况确定合理、完善的制度保证，如合同产销制度、保护价制度、风险基金制度等。

5.利益分配机制

农业产业化经营的各参与主体对农业产业化系统的投入（劳动、资本、产品、技术等）和他们在其中的资产产权得到认可，获得应有的回报和收益，能够有效地激励参与主体生产的积极性和创造性。利益机制通过分配方式来实现，目前农业产业化经营中的利益分配机制主要有以下几种：实行按股分红；按合同规定的保护价格交售产品的利润；超额利润返还，即农业产业化组织按照一定的比例将超额利润返还给参与产业化经营的农户，让利于民；产业化经营中农户把土地租赁出去的，可以获得地租收入。

当前，我国大部分地区农业产业化发展尚处于不成熟阶段，对农业产业化经营的内涵还要进一步认识和研究。认为将农业产业链条简单地联结起来就实现了农业产业化经营是不科学的，只有依靠各种利益联结保障机制，使农业产业化组织中的企业与农户结成“利益共同体”，才能真正实现农业产业化经营，带动参与农户的收入增长。因为实施农业产业化的关键在于利益共同化，而“利益共同体”正是各参与主体共同承担风险、参与农户能够分享农产品加工和运销增值利益的根本保证。

综上所述，一方面，农业产业化经营使农业的比较效益得到提高、市场竞争力得到增强；另一方面，农户通过参与农业产业化经营，与各种农业产业化组织联合起来进入市场，改变其在市场竞争中的弱势地位，与各种农业产业化参与主体形成利益共同体，分享农业产业链的延长和农产品附加值的增加而带来的收益，获取农业产业产前、产中、产后生产的平均利润，从农业收入和非农业收入全方位促进农民增收。因此，市场机制理论对于研究我国农业产业化发展对农民增收的影响作用具有直接的理论指导作用，是本研究的重要理论基础。

第二节　农业产业化发展对农民收入增长的影响机理

我国地域辽阔，各地农业生产条件、生产力发展水平和城镇化进程不一，在发展农业产业化的过程中，创造了各具特色的经营组织模式。一些学者按照农业产业化的组织类型和利益结合关系的不同，将我国农业产业化组织模式分为五种："市场+农户"模式、"基地+农户"模式、"公司+农户"模式、"协会+农户"模式和"中介+农户"模式。还有一些学者按照联结农户与市场的不同主体，将农业产业化组织模式分为龙头企业带动型、农户自发组织型、科技服务型、政府主导型和混合型五种。牛若峰根据我国农业部农业产业化办公室的调查数据，将我国农业产业化经营的组织模式概括为三类，具体如表5-1所示。

表5-1 农业产业化经营组织模式类型比例

组织模式	1996年	1998年	2000年	2002年	2004年
龙头企业带动型	45.51	49.93	41.00	44.04	43.60
中介组织带动型	28.62	26.44	33.00	34.00	36.40
专业市场带动型	12.26	15.98	12.00	9.70	9.30
其他	13.61	7.65	14.00	11.90	10.70

龙头企业带动型是以农产品加工和销售企业为龙头，围绕一项产业或产品，形成"公司+基地+农户"的农产品生产、加工、销售一体化的经营模式。这种经营组织模式下，按其内部制度安排的不同，龙头企业与农户的利益结合关系主要有四种类型："市场交易"关系、"互惠契约"关系、"出资参股"关系、"租地－雇工经营"关系。通过这些利益结合关系，农户不仅可以通过龙头企业获得专业化、规模化生产所带来的稳定的农业收入，而且可以获得公司股利返还、工资性收入和土地租金报酬等非农业收入。中介组织带动型是以包括农村专业合作社、供销社、技术协会等在内的各类中介组织为桥梁，组织农产品生产的产前、产中、产后各环节的全方位服务，实现农业生产一体化。这种组织模式中，农村专业合作社、供销社和技术协会等中介组织是由农户自发组织、自愿参与的，代表的是所有参与农户的利益，农户不仅可以共同购买生产资料、共同加工、销售农产品，还可以从中介组织中得到股金分红和交易利润返还，分享农产品附加值增加所创造的利润。专业市场带动型是以专业批发市场这一经济实体为依托，通过对农业生产的产前、产中、产后各环节提供市场信息、优良种子、农业生产资料、农业生产技术等服务，扩大农业生产规模，形成产业优势，降低交易费用，提高经济效益，同时引导农户按照市场需求进行生产结构调整，生产质量合格、数量足够的农产品。在这种模式下，农户与市场之间不存在固定的产销合约关系，农户只是作为独立的客户参与市场交易，专业市场带给农户的经济效益主要源自于市场的集聚效应带来的较低的交易成本。

根据以上各种组织模式与农户的利益联结机制的分析，龙头企业带动型中企业与农户的利益联结机制较紧密，历年来一直是我国农业产业化主要的组织模式；主要以各种专业合作组织、技术协会等为主的中介组织带动型的组织模式目前还不占主体地位，但这种组织模式是由农户参与组成的，代表着农户的切身利益，在促进农业产业一体化、维护农民利益等方面有显著的作用，其在各种农业产业化组织中所占份额也在不断增加，具有良好的发展前景；专业市场带动型可以引导农户按照市场需求安排农业生产，能有效降低农户交易成本，但是其运作成本较高，对市场的判断也需要精确，所以这种组织模式在我国发展还不成熟，所占份额较少。

通过以上对我国农业产业化主要组织模式及其与农户的利益联结机制的分析，结合上节中的理论基础，探讨农业产业化发展影响农民增收的影响机理，本书认为农业产业化发展主要从以下三个方面促进农民增收。

一、引导农户进入市场，降低农民市场交易成本

发展农业产业化的首要条件是以市场为导向，发挥市场机制作用，无论是农业产业化的哪一种经营组织模式，都要先改变农民在市场中谈判地位低、竞争力弱的弱势地位。在家庭联产承包责任制的制度安排下，实施农业产业化经营，发挥产业组织优势，提高市场绩效，是有效联结小农户与大市场、增强农业的比较优势、降低农民市场交易成本和风险、解决农产品卖难问题、稳定农民农业生产的收入、促进农民收入增长的根本途径。用流程图的形式对我国传统家庭联产承包经营下农户与市场的关系（见图5-2）和农业产业化经营下农户与市场的关系（见图5-3）进行比较，可以看出，在传统的家庭联产承包责任制的条件下，农户与市场进行直接交流，由于单个农户力量薄弱，讨价还价能力低，以及文化和科技素质有限，很难洞察市场的风险并有效地规避风险，从而使得农产品出现“卖难”现象，农民增产却不能增收。实行农业产业化经营后，农户通过与龙头企业等农业产业化组织联结在一起形成利益共同体，共同参与市场竞争，提高农业的比较效益和农产品的市场竞争力，加上企业有很好的市场洞察力，可以引导农户根据市场需求进行农产品种植，为农产品的销售提供保障，降低农户在市场中的交易成本；通过“风险共担、利益共享”的利益联结机制，减小农户所面临的市场风险，保证了农民收入的稳定性。

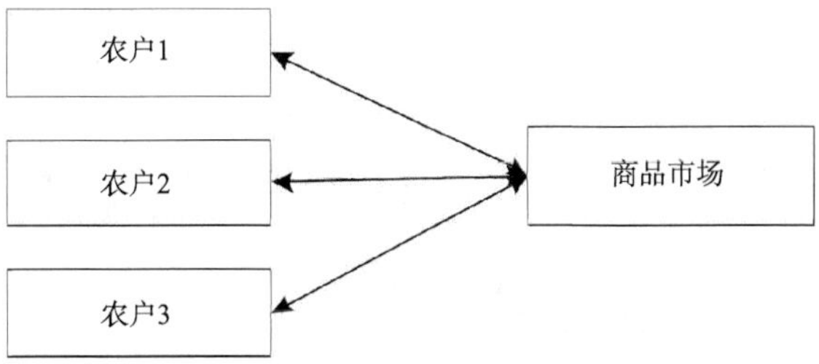

图5-2 传统家庭联产承包经营中农户与市场关系图

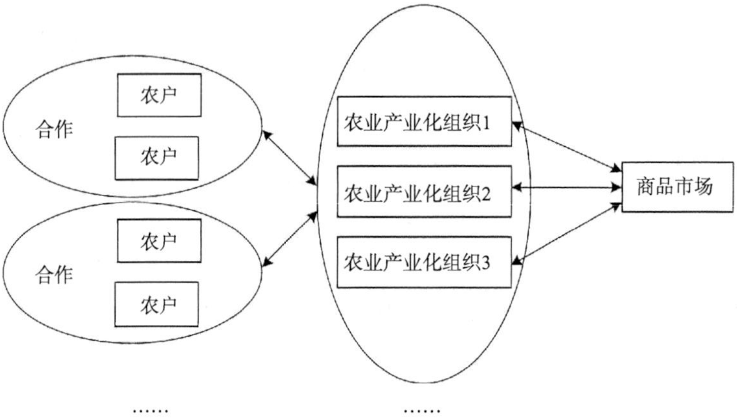

图5-3 农业产业化经营下农户与市场关系图

二、降低农业生产经营成本，提高农业比较效益

农业产业化经营促使各种生产要素向高效益的主导产业和优势产业流动和集聚，增加农产品的附加值，促使农村经济由粗放型经营模式向集约化经营模式转变，由盲目地安排生产向有针对性地、根据市场需求安排生产转变，降低生产经营成本和风险，提高农业生产效率，扩大农业生产规模，形成规模经济，提高农业比较效益。

第一，农业产业化经营中，农户按照市场需求安排生产，按照合同出售农产品，减少了农业生产的盲目性和农产品的流通环节和流通时间，降低交易费用；以农民自己的专业合作经济组织为载体的生产经营提高了农民在市场中的谈判能力，增强其市场竞争力，减少出售农产品的价格损失。

第二，农业产业化促使生产经营向区域化、专业化和规模化发展，有利于实施科教兴农，推行科学种田，使现代科学技术和现代化设备在农村应用、推广。

第三，农业产业化通过龙头企业和农工商、农工贸一体化的经营模式，将分散的小规模家庭经营与国内外大市场连接起来，提高了农民的组织化程度，把分散的小农户生产变成全社会的大生产。

第四，农业产业化经营将农业生产的产前、产中、产后各环节联结成一个完整的体系，扩大了农业生产的外部规模，而龙头企业把农户分散的生产引向专业化、规模化生产，纳入社会化生产体系之中，这就扩大了农业的内部规模，从而为适度规模经营探索新的形式，形成规模经济，使得农业生产率比工业生产率相对增长得快，提高农业的比较效益。

三、延长农业产业链，增加农民非农业收入

农业产业化是以市场为导向，通过农业产业链的延伸，把加工业、服务业与农业

相结合，把农业从原料生产和初加工的地位中解放出来，完成集农产品的生产、加工、销售为一体的经营模式。从产权理论上看，农户通过劳动力、土地、资本等产权参与到农业产业化经营的过程中，不仅可以降低农业生产的经营成本和风险，稳定农业生产收入，还可以获得劳动报酬、土地租金和分享增值利润等非农业收入。

（一）获得工资性收入

目前农业产业化经营中农产品加工业的特点是生产原料分散，生产加工资金、技术含量不高，但所需的劳动量较大，生产工艺流程简单，属于劳动密集型产业，能够为农村剩余劳动力提供大量的就业机会。农业产业化发展的同时还会带动下游的商业、运输业、服务业等第三产业的发展，这也能够吸纳大量的农村剩余劳动力。因此，发展农业产业化，能有效地延长农业产业链，促进农村剩余劳动力就业，增加农民获得工资性收入的机会，增加农民的非农业收入。

（二）获得土地租金收入

农业产业化生产是规模化的生产，必定有专门的生产基地，目前我国农业产业化经营中的基地主要有三种：国家和地方政府建立的商品生产基地、公司或龙头企业通过村组社区或直接通过与农户签约建立的基地、龙头企业建立的基地。前两种生产基地都是通过与农户签订农产品种植和收购合同，使农户获得稳定的产品销售收入。龙头企业建立的基地有两种经营方式，第一种是雇工经营模式，即龙头企业自己建立基地，雇佣当地农户从事农业生产，农户通过在基地打工获得工资性收入；另一种是“反租倒包”的经营方式，即龙头企业通过租用农户的承包土地建立生产基地，再通过发包的方式让部分农户按照公司或龙头企业的技术要求进行农业生产，按照这种经营方式，原来的土地承包户一般可以获得不低于自己耕种收入的租金报酬，新承包户可以获得专业化、规模化生产基础上的承包收入。

（三）获得农产品附加值增加带来的商业收益

农民通过土地、资金等方式入股农业产业化龙头企业或者农业专业化组织，可以分享农产品在加工、流通领域中的增值和利润，还可以得到股金分红和交易利润返还，从而获得一部分农产品增值利润。

通过上述分析，可以用图来表示农业产业化发展对农民收入的增收作用，从图5-4中，可以清楚地看到发展农业产业化与实现农民增收的作用机理。

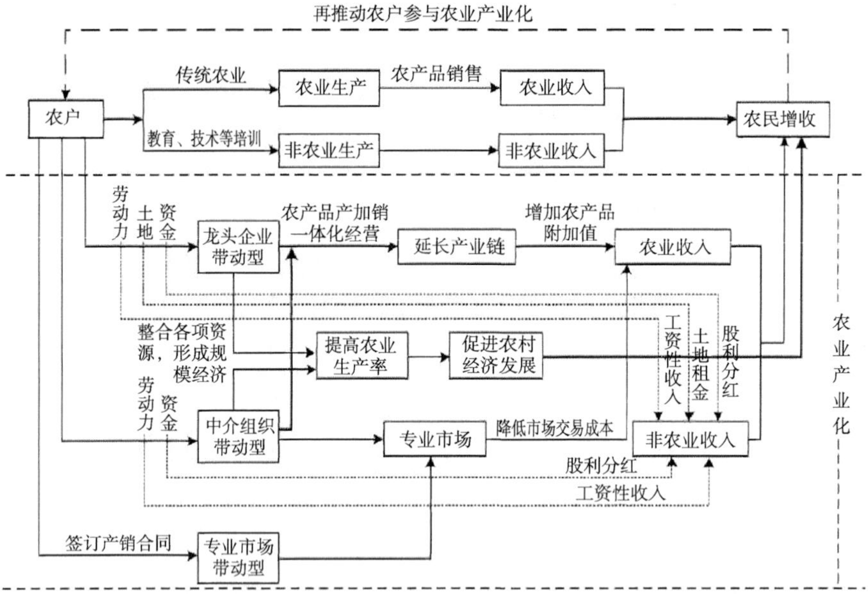

图5-4 农业产业化影响农民增收的作用机理

第三节 农业产业化的发展现状及存在的问题

一、农业产业化发展取得的主要成就

发展农业产业化是我国农村改革继实行家庭联产承包责任制之后，农村经济体制和组织制度的又一个重大创新。随着全国各地区各部门对农业、农村、农民工作支持力度的加大，农业和农村产业结构调整步伐加快，农产品市场化程度提高，经营组织数量增加，农业产业化组织规模不断壮大，农业服务体系和利益联结机制不断完善，农业产业化呈现良好的发展势头。

（一）龙头企业规模不断壮大

农业产业化龙头企业是指以农产品加工或流通为主，通过各种利益联结机制与农户相联系，带动农户进入市场，使农产品生产、加工、销售有机结合、相互促进，在规模和经营指标上达到规定标准并经政府有关部门认定的企业。长期以来，龙头企业带动型在农业产业化经营组织中占据着重要的地位。为了贯彻中发〔2000〕3号文件有关国家重点扶持一批龙头企业、积极推进农业产业化经营的精神，农业部、财政部、商务部、国家发改委、国家税务总局、中国人民银行、中国证监会、全国供销合作总社八个部门在全国选择一批有基础、有优势、有特色、有前景的龙头企业作为国家支持的重点，即认定农业产业化国家重点龙头企业。2000年以来，八部委认定的农业产业化国家重点龙头企业已经有五批，具体概况见表5-2。

表5–2　我国农业产业化国家重点龙头企业概况

批次	认定时间	认定的企业数（家）	被取消资格的企业数（家）	企业总数（家）
第一批	2000	151	0	151
第二批	2002	235	14	372
第三批	2004	210	22	582
第四批	2008	312	76	854
第五批	2012	359	135	1253

数据来源：中国农业部网站，http：//www.moa.gov.cn。

农业产业化国家重点龙头企业实行动态管理，优胜劣汰，有进有出，等额递补。从表5-2可知，国家在认定农业产业化国家重点龙头企业后，继续其进行跟踪审查，不符合标准的取消其资格，截至2012年2月，我国农业产业化国家重点龙头企业总数增至1253家。目前，包括龙头企业在内的全国各类农业产业化组织达到28万多个，培育发展起双汇、雨润、伊利、蒙牛、新希望、六和等销售收入超百亿元的大型龙头企业。龙头企业已经成为农业和农村经济发展中最具活力和成长性的市场主体，年销售收入5.7万亿元，出口创汇额占全国农产品出口额的80%以上，提供的农产品及加工制品占农广品市场供应量的1／2，占主要城市“菜篮子”产品供给的2／3以上。随着农村改革不断完善，以龙头企业为代表的农业产业化快速发展，惠农富农效果日益凸显，目前各类产业化经营组织共直接吸纳农民就业5000多万人，多种形式带动农户约1.1亿户，参与农业产业化经营的农户年户均增收额从2000年的900多元，快速增长到2015年的4000多元。

（二）农业专业合作组织稳步发展

农业专业合作组织是农民自愿参加的，以农户经营为基础，以某一产品或产业为纽带，以促进农民增收为目的，实行资金、技术、生产、加工、销售等互相合作的经济组织。农业专业合作组织具有民办性、专业性、开放性、灵活性、合作性的特点，是连接农户与市场的纽带，引导农户进入市场，发展农业产业化，具有降低农民生产成本和交易费用、提高农民谈判地位和抵御风险的能力等功能，通过提高农产品的质量、扩大市场购销规模，促进农民增收。自农业产业化提出以来，我国农业专业合作组织呈现稳步发展的趋势，主要表现在三个方面。

1. 农业专业合作组织的成员规模不断扩大

2015年，我国农业专业合作组织成员为4363万人，是2003年成员数目的5倍多，参与农业专业合作组织的农户比例也由2003年的2.8%上升到19.4%。

2. 农业专业合作组织的经营服务能力不断增强

在各级农业部门的指导下，我国农业专业合作组织从单纯的农技服务向农产品的产、加、销一体化服务转变，不断提高其经营服务能力，建立稳定的农产品销售渠道，注重提高农产品加工、销售环节的价值。2015年，农产品总量达7亿多吨，代购农药、化肥等农业生产资料将近4亿吨；全年盈余787亿元。

3. 农业专业合作组织内部管理制度逐步规范

农业专业合作组织以自愿、民主、盈余返还为原则，推行科学经营管理，使其真正成为民主管理、科学经营、成员受益的农民互助经济组织。

（三）农业产业化安全供应能力逐渐增强

随着农业产业化在我国的不断发展，再加上我国加入WTO，农业市场也开始与国际接轨，国家重点农业龙头企业越来越重视农产品的质量安全问题，以国家制定的农产品质量标准为生产准则，严格按照标准化的要求安排农产品的生产、加工、包装和运输等环节，主动把质量标准和相应的技术规范相结合，引导农户和基地实行标准化生产。在我国，目前绝大多数的国家重点农业龙头企业已经通过了ISO9000系列、安全卫生认证、HACCP等质量管理体系认证。

（四）利益联结分配机制逐步完善

农业产业化经营中企业与农户的利益联结机制是指在产业化经营组织制度的安排下，以各种形式的产业化组织载体为依托，通过产业化系统内的非市场安排与系统外的市场调节有机结合，使各个参与主体对系统的各种要素（主要包括劳动、资金、土地、技术等）投入和资产产权得到承认，从而获取可以接受的回报和收益的一种经济利益关系。利益联结分配机制是农业产业化经营系统中各利益主体在各个环节上实现利益均衡的手段和工具，所以，建立合理、完善的利益联结分配机制，是保障农业产业化快速健康发展、使参与农民获取合理收益、促进农民增收的关键。

据统计，我国各类农业产业化经营模式中，企业与农户的利益联结方式主要有合同方式（51.9%）、合作方式（12.6%）、股份合作方式（13.3%）以及其他利益联结方式（22.2%），前三种较为稳定的利益联结方式所占比例达到77.8%。农业产业化经营的农户年户均增收额从2000年的947元增加到2015年的4914元，年平均增幅超过10%。

随着市场经济的发展，农业产业化组织与农户的利益联结关系越来越紧密，风险共担意识进一步增强。一些地区的农业产业化组织通过建立风险基金、确定最低收购价、按农产品出售数量返还利润，或者吸收农民利用土地使用权、技术、资金等要素参股，采取股份制、股份合作制或合作制等多种组织形式，与农户形成利益共同体。

二、当前我国农业产业化发展存在的主要问题

近十几年来，农业产业化经营在我国迅速发展起来，组织模式和利益联结机制都得到不断的完善，但仍存在不少问题，与世界农业发达国家相比仍存在一定的差距，主要表现在以下四个方面。

（一）农业产业化组织规模较小，市场竞争力弱

近年来，虽然我国各种农业产业化组织数量在不断增加，但是规模大、竞争力强、发展潜力大的组织不是很多。与农业产业化起步较早、发展较快的发达国家大型农业企业相比，我国农业产业化组织在单项产品、单个市场、规模和实力、技术与产品质量、特色品牌与价格以及经营管理方式等方面都没有足够的市场竞争力，抵御防范市场风险和自然风险的能力不强。据统计，目前我国各种农业产业化组织超过13.57万个，其中省级以上龙头企业仅占农业产业化组织总数的3.38%，这一比例仍然较低，没有形成足够的规模；在国家重点龙头企业中，从销售收入这一经营指标来看，年销售收入过亿元的农业产业化龙头企业仅占5%左右，销售收入过百亿的更是少之又少，与世界食品加工业巨头的销售业绩更是相距甚远。

（二）农户与农业产业化组织的合作关系比较紧张

相对于市场力量、企业家力量来说，我国农民处于弱势地位。由于目前农产品生产还是处于初级产品总量阶段性剩余阶段，农产品的“卖”难现象仍然存在。而农业产业化组织规模大，和市场联系紧密，能指导农民按照市场需求来合理种植农作物，为农产品提供销路，为农民的就业和收入提供保障，因此农民即使分享不到农产品增值而产生的第二、第三产业的利润，仍然甘心忍受这种“剥削”。在这种情况下，农业产业化组织中的各种企业都是以追求自身利益最大化为目标，并不是以为农民服务为宗旨，农业产业化经营达不到企业与农户“风险共担、利益共享”的目标，导致一些地区出现“龙头”与农户关系紧张而无法继续合作。

从利益分配机制的视角来说，无论是处于农产品加工的产前部门（生产资料供应部门），还是处于产后部门（农产品加工销售部门），占有农产品利益的份额都远远大于处于农产品生产产中阶段的农户们，如果农业产业化经营没有形成合理、规范的利益联结机制，不能做到“风险共担、利益共享”，那么农业产业链的延长就不能对农民的憎收有很大的贡献，农民就不能分享到应得的利益。图5-5显示了农业产业化中利益分配的不均衡状况。

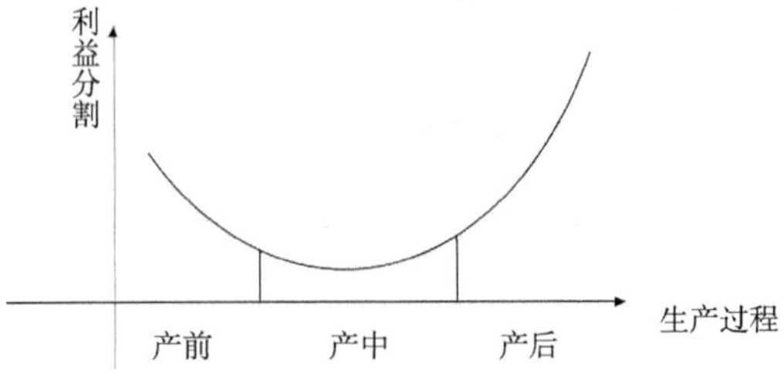

图5-5 农产品利益分配曲线图

（三）政府扶持政策和力度不到位

发展农业产业化既要考虑地区农村劳动生产力如何配置和布局，也要选择适合农业生产关系的组织形式，涉及生产力与生产关系两者之间如何有效进行调整，以适应农业产业化的发展。目前我国农业产业化经营组织还是幼小的产业组织，要不断地发展壮大就要打破地域、行业和所有制的界限，对农村产业结构进行重新组合和优化配置，这与政府的宏观调控、正确引导和有力扶持是分不开的。合理发挥政府职能，坚持开放与监管相结合的原则，在尊重市场规律的前提下，发挥政府的调控、引导和扶持功能是保障农业产业化健康、稳定发展的基础。

但是，目前我国政府对农业产业化经营的调控、扶持力度不够，主要表现在两个方面。一方面是农业产业化发展所需要的硬件基础设施建设比较落后。在我国的农村基础设施建设方面，交通、电力、水利设施等基础设施建设往往面临投资大、难度高、周期长的现实问题，导致农业产业化发展在基础设施较为落后的地区得不到有效的推行，这是目前制约我国广大农村地区尤其是中西部地区、偏远山区农业产业化发展的瓶颈。二是促进农业产业化发展的农村软环境、软实力建设力量薄弱，后备资源不足。由于农村技术开发、文化教育资金投入不足，不利于实现农产品的价值转换，阻碍了以数量为主导的传统农业向以质量为主导的现代农业的发展。

（四）我国农村居民劳动力文化水平低，经营人才短缺

科学技术是第一生产力，坚持技术内生性原则、走科教兴农的道路是我国发展农业产业化、实现农业现代化的根本途径和最佳选择。发展农业产业化离不开科技进步和教育的支持，而要使科学技术转化为先进的生产力，使科研成果在农村尽快推广，就离不开高素质人才。从根本上讲，农民是推进农业产业化发展的主体，农村劳动力的受教育水平直接决定着农民接受新事物、掌握新科技的能力。但是，目前我国农业劳动力的受教育水平总体不高，影响了农村科技进步和农业产业化发展的步伐。如表5-3所示，近年来我国农村居民受教育水平在不断提高，但是增长速度非常缓慢。截至2012年，我国农村劳动力中具有大专以上文化程度的仅有2.93%，半数以上的劳动力只有初中文凭，而且还有5.30%的农民处于文盲半文盲阶段，平均受教育年限仅有8.38

年，相当于初中文化程度。这种状况影响了科学技术在农村的传播与运用，阻碍了发展农业产业化的进程。

表5-3 2000~2012年我国农村居民劳动力文化状况

年份	不识字或识字很少（%）	小学程度（%）	初中程度（%）	高中程度（%）	中专程度（%）	大专及以上（%）	平均受教育年限（年）
2000	8.09	32.22	48.07	9.31	1.83	0.48	7.75
2001	7.70	31.14	48.88	9.65	2.02	0.61	7.84
2002	7.58	30.63	49.33	9.81	2.09	0.56	7.87
2003	7.39	29.94	50.24	9.68	2.11	0.64	7.91
2004	7.47	29.20	50.38	10.05	2.13	0.77	7.95
2005	6.87	27.23	52.22	10.25	2.37	1.06	8.09
2006	6.65	26.37	52.81	10.52	2.4	1.25	8.15
2007	6.33	25.76	52.91	11.01	2.54	1.45	8.23
2008	6.15	25.30	52.81	11.4	2.66	1.68	8.29
2009	5.94	24.67	52.68	11.74	2.87	2.10	8.37
2010	5.73	24.44	52.44	12.05	2.93	2.41	8.43
2011	5.47	26.51	52.97	9.86	2.54	2.65	8.32
2012	5.30	26.07	53.03	10.01	2.66	2.93	8.38

数据来源：《中国农村统计年鉴2016》；平均受教育年限为手工计算得到，其中假定不识字或识字很少的受教育年限为1年，小学程度的受教育年限为6年，初中程度的受教育年限为9年，高中和中专程度的受教育年限为12年，大学及以上程度的受教育年限为16年。

第四节　农业产业化发展与促进农民增收的建议

农业产业化发展是我国发展现代农业、科技农业的必经之路和发展趋势，是建设新农村和解决“三农”问题的关键因素之一，对于促进农民增收有着非常重要的意义。实证研究发现，现阶段我国农业产业化发展对农民收入增长具有显著促进作用，但不同区域之间也存在着一定的差异。应该在尊重市场规律的前提下，充分发挥市场的看不见的手和政府的看得见的手的导向作用，加大政府对农业的投资力度和政策支持，加快各种农业产业化组织建设，健全农产品市场机制，充分发挥地区的资源禀赋优势，完善农户与农业产业化组织的利益联结机制，不断提高发展农业产业化水平，推进农业产业化发展进程，实现区域农民增收均衡，全方位实现农民增收。

一、加大投资力度，改善农村基础设施条件

从实证研究的结果可以发现，无论是对全国面板数据的经验分析还是各个地区之间的比较分析，农业投资力度的加大和农民受教育水平的提高，对于促进农民收入增长都有着非常显著的促进作用。然而，现阶段我国农村经济发展缓慢，城乡发展存在差距，很重要的一个方面就是农村基础设施建设的滞后。发展农业产业化，建设新农村，实现农村经济和农民收入稳步增加的前提是加大农业投资力度，改善农村基础设施条件。

农业投资作为农村基础设施建设的先行资本，具体用于农业生产性基础设施、农村生活基础设施、生态环境建设、农村社会发展基础设施四个方面，对于改善滞后的农村基础设施条件都有着重要的作用。发展农业产业化，基础设施等硬件设施的健全和完善是关键。传统的农业生产模式已经不能适应农业产业化发展的需要，必须健全农村农田水利、交通道路以及文化教育等基础设施建设，以完善的基础设施条件为依托，发展农业产业化，走现代农业发展之路。

现阶段我国农村经济发展中，加大农业投资力度，不仅要拓宽投融资渠道，更要合理调解投资的方向和规模。中央和省级政府在农村基础设施建设的投资规模中处于主导性地位，应在考虑现有财力的基础上，适当加大中央和省级政府对农业投资和农村教育设施等的力度，根据区域经济发展和基础设施建设的差异性，通过集中而有效的投入，加快农村基础设施建设步伐，从硬环境和软环境两方面来改善农村农业产业化发展所必须具备的人力、物力和财力条件，发挥基础设施建设的基础性作用。同时，各级地方政府应鼓励社会各界参与农业基础设施建设，适当地引入民间资本，根据市场经济的受益分配原则，使投资者取得各自的投资报酬。

二、推广农业产业化，实现区域农民增收均衡

农业产业化的发展，能够实现农民收入的增加，但我国农村土地辽阔，各地资源禀赋和经济发展情况存在一定的历史性和现实性差异，使得不同地区农业产业化发展水平不同，对农民收入的影响程度各异。因此，现阶段必须从实际出发，因地制宜，结合当地的区域资源优势，选择主导产业，创新农业产业化的发展模式，确定符合当地资源和环境条件的农业产业化的发展模式，推广农业产业化，从而实现农业产业化发展对地区经济的促进作用，进而实现区域农民增收的均衡。

推广农业产业化的发展，农村基础设施建设是基础，发展特色农业产业化模式是创新之路。这就要求在集中力量发展、推广农业产业化的同时，以构建农业产业化新载体为突破口，创办股份制、股份合作制和多种形式的农村专业合作组织，引导和促进农业合作经济组织的迅速发展，从而促进农业产业化的全面升级。要突出特色，向“一村一品”的区域化、专业化方向发展，形成乡乡有特色、村村有项目的多种经营相结合的大发展格局。各地区应根据市场需求和自身优势，发展优势农业，形成区域特色农业，从而保持农产品价格相对稳定、农民收入稳定增长。首先，在农业产业化经营的具体实施过程中，要对当地的资源优势、区位条件进行正确的评估，对区域市场信息进行准确的判断，针对性地对当地的农业产业结构进行调整，从而很好地发展主导产业的资源优势和区位优势，增强产品市场竞争力，提高农业产业化生产效率。其次，在选择产业和产品项目时，不能只考虑农业产业化经营的内部经济效益，也要顾及产品生产和项目实施时产生的环境效益和社会效益，使选择的区域主导产业与区域资源和环境条件协调，避免资源浪费，提高产业化效率，从而促进区域农业的发展和农民收入的均衡增长。

根据区域面板数据模型估计结果，具体来讲，东、中部地区农业产业化水平较高，要充分利用较成熟的农业产业化经营模式，开发农产品深加工工艺，实行科学管理模式，完善农业产业化运行机制和利益联结机制，不断提高农业产业化生产效率，在稳定农民农业收入的同时，带动更多的农业劳动力参与到农业产业化的加工和流通领域，增加农民的非农业收入。西部地区，由于农业的发展受自然条件的约束，要促进农民增收就必须想方设法充分发挥区域资源优势，发展特色农业产业化，延长农业产业链，增加农民收入。

三、提高农业产业化水平，全方位实现农民增收

农业产业化的发展对农民增收的作用是显而易见的，现阶段应该不断提高农业产业化发展水平，才能实现农民农业收入和非农业收入的共同增加，最终全方位地实现农民增收。提高农业产业化水平的关键在于根据当前我国农业产业结构形式，壮大农业产业化组织（农业龙头企业、农业专业合作组织、农协等）规模，并完善农业产业化发展主体之间的利益联结机制。

（一）整合各项资源，壮大农业产业化组织规模，带动农民增收

农业产业化组织是发展农业产业化的重要载体，其在农业产业化发展过程中的功能主要有开拓市场功能、桥梁与纽带功能、引导生产功能、扶持服务功能、外向扩展功能等。龙头企业带动型是目前我国最主要的农业产业化组织模式，要提高农业产业化水平，就要加快建设龙头企业，扩大龙头企业规模，拉长农业产业链，增加农产品附加值，拓宽农民增收渠道。在市场经济的条件下，规模优势能够增强龙头企业在市场中的

竞争力，才能在激烈的市场竞争中获取更多的经济收益，进而带动参与合作的农户收入增长。这就需要加强整合社会各项资源，如土地、资金、技术等的投入和政府的支持等，进一步壮大龙头企业的规模。

第一，把发展农业龙头企业与发展乡镇企业、民营企业紧密结合起来，鼓励和支持其发展农产品加工、运销业，扩大经营规模，加快生产技术改造，提升企业的综合竞争力，使其尽快建成大型龙头企业集团。

第二，把发展龙头企业的重点放在农产品的加工领域，通过引进新技术，进行农业生产技术改造，使农产品加工业逐步由初加工向深加工转变，提高产品的质量和档次，增加农产品的附加值。

第三，根据政策法规，发展区域优势，鼓励和支持龙头企业进行区域特色农业的开发。

第四，鼓励龙头企业进行科技创新，通过与有关科研、教学单位合作，联合创办高科技示范农业区，提高龙头企业科技含量及市场竞争力，促进龙头企业规模壮大。

（二）完善农业产业化利益联结机制，保证农民收入稳定增长

体制机制建设是生产、交换、合作、分工的前提，农业产业化的发展也不例外。农业产业化发展的核心和内在动力在于完善合理的利益联结机制，有效解决农户与农业产业化组织的利益共享和风险共担问题。完善利益联结机制，才能使农民这一弱势群体的利益得到有效保障，才能真正实现农民与产业化组织的共同发展，实现农村经济发展和农民收入增加。

建立利益分配机制的目标是把农业产业化办成各利益参与主体共同发展、共同致富的利益共同体，应坚持以下原则：

一是农户与其他参与主体利益权利平等的原则；二是让农民获得应有的收益、反哺农业的原则；三是增加资本积累，壮大产业化组织的原则；四是有利于农户、产业化组织总体利益最大化的原则；五是符合国家政策、法律的原则。

这些基本原则相互依存，缺一不可。所以，解决我国当前农业产业化经营中利益分配机制建设薄弱的现状，关键在于把利益分配机制纳入规范化和制度化的轨道。

一是在实行订单农业时，利益分配机制的内容、项目要准确、完整，明确不同利益主体享有的权利和履行的义务，从而提高订单的履约率。

二是鼓励农业龙头企业、农业专业合作组织等各种农业产业化组织设立风险资金，采取保护价收购和利润返还等多种方式与农户建立紧密、合理的利益联结机制，保证农业产业化多元参与主体共同发展。

三是引导农户以土地、资金、技术、劳动力等生产要素入股，产业化的多元参与主体之间实行多种形式的联合和合作，结成利益共同体，共同分担农业产业化经营中的风险，并分享产业化经营所带来的收益。

四是合同要建立在自愿、平等、互利的基础上，并由公证部门公证。

五是当地政府要通过法律和政策，加强对这类经济合同的监督和管理，认真处理经济纠纷，维护合同的公正性，保护利益主体的正当权益。

第六章　农村公共产品供给对农民增收的影响

第一节　农村公共产品概述

一、农村公共产品的内涵

农村公共产品主要指面向农村居民，由政府主导或提供，用于满足农村公共需求，促进农业生产、改善农民生活的，在消费上具有非竞争性和非排他性的各类公共产品和公共服务。农村公共产品是保证农业进步、农村经济发展、农民收入提升的前提。它所包含的范围很广泛，包括农村基础设施、农村义务教育、农村公共医疗卫生、农村环境保护、农业科技开发推广、农村社会保障、农村基层政府服务、农村文化馆、电网、信息系统和有线电视建设等等。

农村公共产品除了拥有公共产品的特性外，还包括以下自己的特性。

（一）农村公共产品具有成本集聚性

成本集聚性表示的是农村公共产品由于在前期投资较大，收益回收期较慢或者收益很少，导致许多私人和社会资本不愿涉足这一领域。

（二）农村公共产品具有多层次性

我国农村地域广阔，各地区间发展水平差异较大，所以各地区的农民对公共产品的需求呈现不同层次性：经济发达地区对文化娱乐方面的公共产品需求相对强烈，注重自我精神的享受；而经济欠发达地区的农民对道路、农田水利灌溉以及教育等基础性公共产品的需求比较迫切。同时，由于农村是中国行政区划分的最底层，它的公共产品供给需要由乡镇以上的全国公共产品和地方公共产品供给层层延伸，所以也具有多层次性。

（三）农村公共产品具有外部性

我们可以把教育作为外部性的一个典型例子来说明，它不仅提高了劳动力的个人素质，还对受教育者家庭收入增长以及整个农民阶层的文化素质水平提高起到了很大的促进作用，从长期来看，则为国家培养了人才，有助于国家的建设。

二、农村公共产品的分类

按照农村公共产品的特点，我们可以将其进行以下分类。

（一）按形态分

我们把农村公共产品分为有形的和无形的。有形的包括农村道路、电网等，无形的主要有关于农村的政策、制度、治安等。

（二）按受益范围分

我们将农村公共产品划分为全国性和地方性的公共产品。顾名思义，由中央政府通过财政支出进行转移支付的物品称为全国性公共产品，比如国防、天气预报等。惠及范围较小的产品则为地方性公共产品，具体又可按行政区划分为省级农村公共产品、县级公共产品以及乡镇一级的公共产品。地方性公共产品主要由各级地方政府分别组织提供。

（三）按具体用途来划分

可以归为生产类和生活类农村公共产品。生产类的农村公共产品是以保障促进农业生产顺利进行而提供的便利、高效、高产出的公共产品，主要包括农田水利建设、农村道路桥梁建设、农业技术服务、病虫防害等。生活类农村公共产品是与农民的日常生活紧密相连的相关公共产品或者服务，如饮用水、医疗卫生服务、有线电视信号等。

（四）按农业和农民的需求层次来划分

我们可以将农村公共产品分为满足农业的基本需求、安全需求、提高农业综合生产能力的需求、社会福利需求、自我实现需求五类，如图6-1所示。

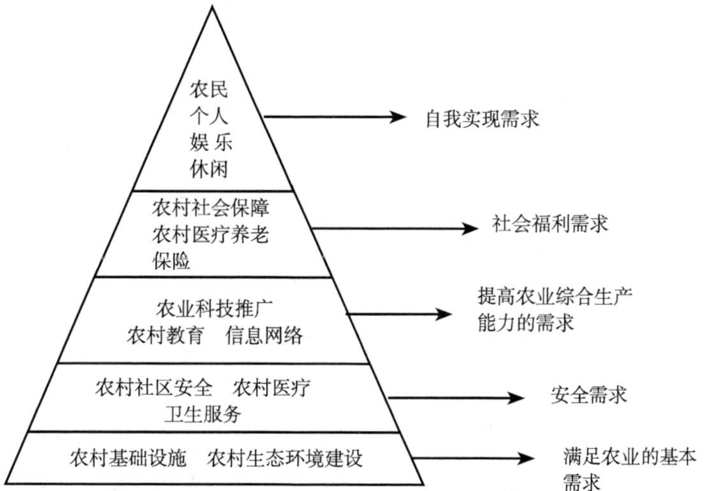

图6-1 农村公共产品需求的层次图

三、农村公共产品供给的作用

农业一直都是弱势产业，其自身抵御自然风险和市场风险的能力有限，只有依靠外界的扶持，才能帮助其进行良好的发展。农民又是收入低、生活水平低、风险抵御能力差的弱势群体。在这种情况下，农村公共产品对农业、农村和农民的重要性不言而喻。

（一）充足的农村公共产品供给有利于繁荣农村经济

农村公共产品的作用渗透在农业生产的各个环节，从农业生产的最初投入、中间的维护到最后农产品的产出和运输都离不开农村公共产品的保障。健全完善的农村公共产品供给体系降低了包括决策成本、生产成本、运输成本、销售成本和风险成本在内的农村私人活动的总成本，提高了农民生产的效率和积极性；并且在农业生产的专业化、规模化、产业化、商品化和市场化的过程中也起到了极大的促进作用，使农业抵御自然风险、市场风险的能力不断加强，农业生产与市场间的联系和沟通更加紧密，农村的经济向着稳定、繁荣的方面发展。

（二）充足的农村公共产品供给有利于改善农民的生产生活条件

充足的农村公共产品供给有利于改善农民的生产生活条件，缩小城乡差距，促进建设小康社会目标的实现。自来水、交通、电力、通信和教育等农村公共产品的提供可以有效解决农村普遍存在的行路难、吃水难、用电难、上学难等问题，极大地改变农村居民的生活条件和生活质量，使农民享受到经济增长和社会发展带来的成果。同时，农村医疗保健、养老保险等社会保障体系的建立，可以增加农民的稳定预期，促进农村社会的稳定，刺激农村居民的消费，提升农村经济的活力。因此，农村公共产品的供给加快了建设和谐新农村，实现小康社会这一目标的步伐。

（三）充足的农村公共产品供给有利于提高农民素质，推广农村科技，增加农民收入

农村完善的基础教育和职业教育可以提高农民整体文化水平和素养，增强适应市场经营和应对市场风险的能力。科技的进步和农民素质的提高对农村的全面发展至关重要。只有农民素质得到了提升，乡风才能更加文明，农村的物质和精神文明建设才能共同发展，科教兴农的政策才能得到贯彻；只有提高农民的科技水平和生产经营能力，才能促进农村的快速发展，农民收入的水平才能得到提高。

（四）充足的农村公共产品供给有利于提高农产品的国际竞争力

我国农业面临着生产规模小、自我再生产能力弱等问题，在这种情况下，增加财政对农业的投资力度对于农业的可持续发展就显得尤为重要。在面对农产品国际竞争激烈的情况下，我们必须重视和利用好WTO《农业协定》等相关的“绿箱”政策，加大农业投入，强化农业科学研究，做好病虫害防治、农村劳动力培训、农业先进技术推广、动植物检疫等一般性服务；完善电力、道路、以及水利灌溉等农业基础设施服务；注重国际市场信息收集、合理调整产业结构、加快规模化生产，通过这些措施来增加农业产

量，提升农产品品质，最终提高我国农产品在国际市场上的竞争力。

第二节　农村公共产品供给影响农民增收的作用机理

农村公共产品覆盖的范围非常广泛，涉及公共基础设施、公共服务、公共福利等领域。为了更具体、更有效地分析农村公共产品供给对农民收入增长的作用机理，我们选取了具有代表性的农村基础设施、农村基础教育、农村医疗卫生以及农业科技等四个方面，分析农村公共产品供给影响农民收入增长的作用机理。

一、农村基础设施供给对农民增收的影响

基础设施是进行一切农业生产和非农活动的物质基础，也是农业、农村和农民赖以生存发展的基本条件，没有良好的农村基础设施建设，我国“三农”问题就不会得到有效的解决，更会极大地阻碍建设新农村的步伐。农村基础设施对农民增收的影响主要体现在以下几个方面。

（一）完善的基础设施有利于增加农民农业收入

长期以来，农业都是弱质产业，表现在：一是农业生产受自然气候的影响较大，具有很大的不确定性。二是大部分农产品受保存周期影响，保存难度大，保管费用高。三是农民在面对市场时处于弱势地位，譬如信息不对称、缺乏应对市场风险的能力等。

要想最大程度解决这些难题，加强基础设施的建设显得非常必要。例如加强道路的修建可以把农产品及时、方便地运输到市场，还可以减少农产品出售成本和购买现代投入品的成本。在生产性基础设施方面，农田水利和农业气象服务等，可以直接服务于农业生产，增加农民收入。农田水利工程的建设能够增加有效灌溉面积，有力地推动粮食生产的发展，从而推动农民农业收入的增长。

（二）良好的基础设施有利于增加农民非农业收入

如果单方面依赖农业，想要持久切实地增加农民收入是很困难的。我们必须着力发展农村的第二和第三产业，第二、第三产业的发展，对于促进农村的活力，增加农民的非农收入渠道有很强的带动效应。反观我国农村的基础设施建设现状，还处于较落后的状态，不能对第二、第三产业的发展起到促进作用。近年来对农民收入的调查显示，第二、第三产业在农民收入的结构中只占到20%左右。这种情况一方面与农村乡镇企业发展落后等原因有关，另一方面，农村基础设施陈旧落后，达不到农村第二、第三产业发展的要求也是重要的原因。如果没有比较完善的水、电、气、交通、通信、医疗、教育

等配套的基础设施，那么招商引资就会成为一句空话。乡镇企业的发展转型，农业产业的升级以及农民对市场的把握就会变得举步维艰，所以，基础设施的建设是农业第二、第三产业发展的基础，必须要加快建设，加强管理，搞好经济发展环境建设，这样才能增加农民非农业收入。

（三）农村基础设施的投入可以通过投资乘数效应带动农民收入增长

具体表现为政府在加强农业基础设施建设中所投入的货币资金，部分会通过农民劳动或相关产业的发展转化为农民收入。诸如修建乡村公路、架设乡村电网等项目均属于高度劳动密集型，而这些工程需要用到大量农村劳动力和当地材料。而这些基础设施的建设可以推动许多地方相关产业的发展，如钢铁业、水泥业等不同的行业，促进当地经济的发展。同时，在基础设施的建设过程中需要大量的劳动力，提供大量非农就业机会，增加农民非农业收入。中国长期实行的“以工代赈”扶贫工作的成果可以说明这一点。“以工代赈”工程的实施，不仅极大地改善了贫困地区和偏远地区的基础设施和落后面貌，还为农民的增收致富做出了巨大的贡献。

二、农村基础教育供给对农民增收的影响

人是最重要的资源，特别是在知识经济、信息经济时代，人力资本更显重要。人力资本的形成离不开良好的教育，只有重视教育特别是基础教育才能促进农村人力资本的发展，提升农民的素质，促进农村社会经济的全面发展，进而提高农民的收入，为“三农”问题的解决奠定坚实的基础。农村基础教育投入对农民增收的作用机理可以通过以下几个方面来说明。

（一）良好的农村基础教育供给可以通过提高农业劳动生产率增加农业收入

美国经济学家、诺贝尔奖得主奥多·舒尔茨通过大量事实证明：人力资源在经济增长的过程中起到了非常重要的作用，是非常关键的要素资本。他认为接受了高水平的教育、拥有了一定知识和技能的人力资源才是所有影响经济发展过程的因素中无可替代的一项资源。他在《为人力资本投资的报告》中指出：人力资本水平的提高对农业以及整个经济的作用远比物力资本的增加更为重要。在当今科技日益发达的社会，农业生产对科技的依赖也越来越多，农业要想增产，农民要获得更高的收入，就必须掌握一定的农业科学技术。但是农业科学技术又对农民自身的文化素质有必要的要求，只有具备一定文化的劳动者才能掌握和运用。加强农村基础教育的投入，普及基础教育，对于农民提升文化水平，帮助其接受新技术、新产品的推广方面有很大的帮助。除此之外，农民具备一定的文化水平，对于引进优质农产品和新产品的种植技术，调整产业结构，准确把握市场需求规律都有着重要的作用。所以通过加大基础教育的投入普及，可以让知识的力量促使农村居民更有效地使用现代农业要素，提高农业劳动生产

率，增加农业收入。

（二）良好的农村基础教育供给可以通过拓宽农民就业渠道增加农民非农收入

现阶段我国农村劳动力就业面临着两方面的难题：一是农村剩余劳动力规模巨大；二是农村人力资源的质量较低，不能适应农业现代化的发展和建设农村小康社会的需要，并且限制了农村经济和社会的发展。

农村剩余劳动力中相当一部分人无法有效转移出去的一个主要原因就是他们文化素质不高。文化程度高的农业劳动者学习能力强，通过各种形式的教育和培训提高他们的技能和知识水平，从而提升了其就业能力，可以在较短的时间内增加就业收入。而文化程度低、无一技之长的农业劳动者在城镇里大都从事对他人来说比较肮脏和辛苦的工作。而且这样的工作随着劳动生产率水平的提高，可能会逐渐被机械化所替代。所以，农民接受良好的基础教育，无论对其以后的深造还是吸收引进外界先进的理念、知识和良好的生活习惯都有着重要的意义，对指导其进行农业现代化生产和进行第二、第三产业的发展都有着积极的影响。高素质的劳动者是我国科学技术进步和劳动生产率不断提高的基础，也是我国经济发展的重要前提；除此之外，丰富的高素质劳动力资源可以实现人力资源对自然资源的替代，从而克服自然资源对经济发展的制约，促进我国经济的可持续发展。

（三）良好的农村基础教育供给可以通过减轻农民教育支出相对增加农民收入

基础教育关系国家的未来以及人力资源的储备，国家有责任为基础教育提供充足的经费，所以政府就必须加强自身责任意识，不能依靠别人或他方来达到普及教育、提升国民素质的这一神圣使命。必须加大各方面的投入。对农村进行税费改革后，农村教育事业费附加、农村教育集资这两项收费取消，由政府财政进行填补，因此必须努力实现国家财政性教育经费支出占GDP比例达到4%的目标，政府要在财政上加大对教育的投入力度，认识到教育的战略意义，保证教育经费的稳步增长。这样政府对农村基础教育的投入才发挥了替代效应，相对减轻了农民的负担，尤其对那些无力承担学费的困难家庭无疑是雪中送炭。在实现普及农村基础教育的基础上，减轻广大农民的负担，促进农村社会的和谐可持续发展。

综上所述，农村基础教育供给影响农民收入增长机制可以作图来清晰的表示，如图6-2所示。

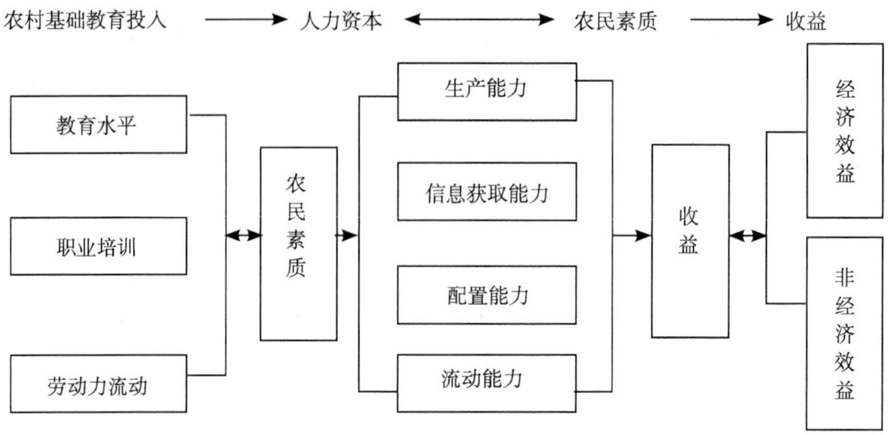

图6-2 农村基础教育投入影响农民收入增长机制

三、农村医疗卫生供给对农民增收的影响

（一）完善的医疗卫生服务通过提高农民健康水平增加农民收入

由于政策、历史、体制等因素，农民和城市居民相比，享受不到更好的医疗服务，并且农民在承受自己低收入的同时，还得支付较高的医疗费用，这样极大地影响到农民的生活质量。对于小病农民还能支付的起，遇到一些大病，面对高额的医疗费用，农民根本无力承担，因而导致许多农民因病致贫，因病返贫，这种情况下农民健康水平的下降会造成生活质量随之下降。接受医疗卫生服务不仅具有消费性，还具有收益性。对医疗卫生服务进行消费后，可以改善身体机能，提高身体素质，进而促进劳动力的工作效率的提高，得到更多的工作机会，增加自身的收入。收入的增加又可以促进对健康的投入来提高健康水平，这样就造就了健康和福利之间的良性互动。反之，健康水平低下会影响到人们的就业和改善自身生活的机会，造成收入的减少和贫困问题的出现，后者又制约着健康水平的提高，形成一种低健康水平—影响收入—贫困—健康水平再度恶化的恶性循环。所以，政府必须加大对农村医疗卫生服务的投入，关心广大农民群众的健康问题，提高农民的健康水平，提升农民的生活质量，在提高健康水平的前提下，农民才能通过各种渠道改善自身的境遇，增加自身的收入。

（二）完善的医疗卫生服务通过正向替代效应提高农民收入

毫无疑问，完善健全的农村医疗卫生服务，在提高劳动者的身体素质的同时，又可以提高劳动者的生产效率。农民身体素质的提高又可以促进劳动者使用相对便宜的生产要素进行生产，降低农业的生产成本和提高农业生产收入。机械和化肥是我国农业生产要素中最重要的两项，它们与劳动力在理论上存在着一定的替代关系。大部分的农业生产过程既可以使用人工来完成，又可以使用机械来完成。因为我国农村人均耕地面积小、地势不平，许多农田都在丘陵、山区，无法使用机械化设备，只能靠劳动力自身去播种、收割。只有劳动者身体素质好，才能经营好农业生产，增加农业收入。如果农民的身体很好，他们会花较多的时间去准备农家肥，减少化肥的使用，从而节约物质成本，增加收益。良好的身体素质，还可以提高农民的赚钱能力。农民在农闲时间会到城市打工，因为文化不多，绝大多数从事脏、苦、累的体力活，体力活对劳动者的身体素质要求特别高，如果劳动者的身体素质不高，他们就无法去胜任这份工作，这样就会减少自身的收入。因此，农村劳动力身体素质的高低，在很大程度上决定着农民收入的高低。

（三）完善的医疗卫生服务通过增强农民抵御风险能力相对提高农民收入

良好的农村医疗卫生服务的提供，可以使农民将其有限的剩余资金投入到教育和其他投资渠道当中，从而通过接受教育或者其他渠道来增强自身抵御风险的能力，获得一定的收入。按照马斯洛的需求层次理论，健康、安全是人们的基本需求。在现有的体制下，农民的收入余存本来就不多，剩余的一点收入可以拿去教育投资或者进行其他领域的投入，以此来提高自己的就业能力和创收能力。但由于目前农村不完善的医疗体系，老百姓得不到有效的保障，为了预防疾病的发生，他们只能把大部分收入存储起来，过着节俭的生活。受到收入的制约，农村居民没有条件对自身的医疗保健进行投资，医疗保健的缺失又会加大自身患病的概率，这样广大农民又会支出大笔医疗费用，继续陷入贫困。所以完善的医疗卫生服务增强了农民抵御风险的能力，使手头有限的资金通过其他渠道，发挥作用，增加自身收入。

四、农业科技投入对农民增收的影响

当前，要推动农民增收，农业科技进步不失为一条便捷之道。由于我国农业科技发展相对落后，农业资源利用率低，在一定程度上也影响了农民在农业方面的收入。从国外经验来看，以科技来促进农民增收是长远之计与有效之举。以色列、荷兰等国农业在经济中都占据了重要的地位，早已迈入发达国家的行列。所以，我国也要科技兴农，充分重视和利用好科技，发挥科技对农业的带动作用，把农业改造成知识密集型、高附加值的产业，使广大农民拓宽增收的渠道。

（一）农业科技投入增加通过降低农业成本提升农民收入

在农业生产中，人是最为关键的能动因素，农业生产的效率高低离不开劳动力的素质，现代农业生产需要有科技素质的劳动力，这样可以在生产过程中充分利用现代化的农业耕种技术，操作现代化的农业机械，从而提高农业生产率。此外，农业科技的投入，使化肥、农药、良种和机械等生产资料得到不断的更新和进步，这也可以使农业的生产条件不断得到改善，使有限的农业资源发挥更大的作用，从而提高农产品产量，提

升农产品品质，降低农业生产成本，增加农民收入。并且，随着时代的发展，农业生产的增长日益由依赖传统的化学、机械为主，转向了传统技术和现代生物技术相结合、注重资本和技术投入的发展道路。因此，新的、有利的技术供给不仅对农业经济的发展以及农民收入的提高产生根本性的影响，而且也有利于传统农业向现代农业的转变。尤其是适合当地的资源禀赋和生态条件的新技术的应用为农业的增产和高质提供了充足的动力，成为农民持续稳定实现收入增长的重要工具。

（二）农业科技投入增加通过推进农业产业化发展促进农民增收

要想提高农业产量，优化农产品品质，就必须走农业产业化的道路，农业产业化也必须有科技来带动。在这个过程中，加大农业科技投入，使种植、生产、加工、储藏、经营等环节与科技紧密相连，才可以提高农产品产量和质量，并且有利于节省资源和降低成本。现阶段我国农业科技还不先进，农业产品的科技含量较低，我国近半数地区的农业生产还在依靠传统技术维系，各种农业资源的利用率很低。究其原因，不得不提到两个方面的因素：第一是农业科技没有得到有效的投入，第二是农业科技体系不完善。这两方面原因使得农业科技成果转化率低，科技的带动作用没有得到很好的发挥，最终影响到了农业产业化的发展。我们要想改变目前落后的状态，就必须对传统农业进行技术改造，推动农业科技进步。从整体上推进传统农业向现代农业转变，提高农业的科技含量，农业产业化也会顺势得到一定推进，农业和农村经济的效益才会得到提高，也为农民增收开辟了更为广阔的途径。

我们通过图6-3来说明农业科技投入对农民收入的影响。

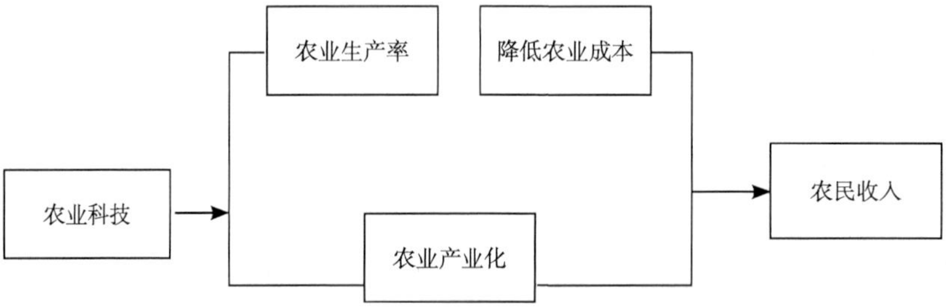

图6-3 农业科技影响农民收入作用图

综上所述，农村公共产品的供给影响农民收入主要通过农业收入效应、非农业收入效应、对农民支出的替代效应等方面来实现，并且各公共产品在影响农民收入时彼此之间还是互相联系，互相影响的。

第三节　农村公共产品供给影响农民增收的现状分析

一、农村公共产品供给取得的成就

在构建和谐社会、全面推进建设小康社会及积极建设新农村的过程中，各级政府和社会各方面对各项农村公共产品的供应给予了前所未有的关注和支持，我国农村公共产品供给的状况得到了较大的改善。

（一）国家加大了对农村基础设施建设的资金投入

1.农村基础设施

农村基础设施主要是指与农民生产和生活紧密联系的服务设施，如农田水利设施、道路建设、电网建设等。近年来，农村基础设施建设取得了一定成绩，如2015年农村村办水电站数量、装机容量及发电量等方面，均比上年有所增加，农田水利有效灌溉面积也进一步提高，见表6-1。

表6–1　农村电力和农田水利建设情况

	2014年	2015年	增长率
乡村办水电站/个	47 073	47 340	0.57%
装机容量/万千瓦	7 322.1	7 583	3.56%
发电量/万千瓦时	22 814 930	23 512 814	3.06%
农村用电量/亿千瓦时	8 884.4	9 026.9	1.60%
耕地灌溉面积/千公顷	64 539.5	65 872.6	2.07%

数据来源：《中国农村统计年鉴2016》。

2.公路交通

截至2015年底，全国农村公路里程达到398万千米，比“十二五”初期增长13.5％。全国99.99％的乡镇和99.87％的建制村通了公路。全国农村客运站总数达26万个，农村客运线路9.7万条，覆盖了3.5万个乡镇、57.4万个建制村，年平均日发客车110万班次，乡镇和建制村通客车率分别达到99.01％和94.28％，解决了5.7亿农民群众的出行问题，初步形成了遍布农村、连接城乡、纵横交错的农村公路客运网络。

3.生产条件

农业生产条件也在不断改善。2015年，农业机械总动力为111 728.1万瓦，增长3.4%;在主要农业机械设备与设备方面，大中型拖拉机607.3万台，增长6.9%，受大中型及联合收割机普及的影响，小型拖拉机减少至1 703.0万台，降低了1.5%，联合收割机为173.9万台，增长9.7%，见表6-2。

表6-2 主要农业机械年末拥有量及增长情况

指 标	单位	1990年	1995年	2000年	2014 年	2015 年	2015年为2014年百分比 (%)
一、农业机械总动力	万千瓦	28 707.7	36 118.1	52 573.6	108 056.6	11 1728.1	103.4
柴油发动机动力	万千瓦		24 176.3	39 140.0	86 717.0	89 783.8	103.5
汽油发动机动力	万千瓦		3 433.9	3 128.9	3 478.0	3 669.8	105.5
电动机动力	万千瓦		8 443.7	10 126.7	17 748.8	18 189.3	102.5
其他机械动力	万千瓦		64.2	89.9	86.6	85.0	98.1
二、主要农业机械与设备							
大中型拖拉机	万台	81.4	67.2	97.5	568.0	607.3	106.9
小型拖拉机	万台	698.1	864.6	1 264.4	1 729.8	1 703.0	98.5
大中型拖拉机配套农具	万部	97.4	99.1	140.0	889.6	962.0	108.1
小型拖拉机配套农具	万部	648.8	958.0	1 788.8	3 053.6	3 041.5	99.6
农用排灌电动机	万台	430.8	535.2	741.3	1 287.3	1 303.0	101.2
农用排灌柴油机	万台	411.1	491.2	688.1	936.1	939.9	100.4
联合收割机	万台	3.9	7.5	26.2	158.5	173.9	109.7
机动脱粒机	万台	493.3	605.9	876.2	1 049.0	1 061.8	101.2
机电井	万眼			435.8	4 739.4	483.2	10.2
节水灌溉类机械	万台	39.3	58.6	91.9	210.7	222.9	105.8
农用水泵	万台	723.9	903.5	1392.5	2 224.5	2 249.2	101.1

数据来源：《中国农村统计年鉴2016》。

注：2013年以后机电井包含规模以下机电井，2013年以前不包括。

（二）农村教育条件有了明显改善

目前，我国农村小学的入学率已经超过了99%，农村初中的入学率也已经超过了97%。我国基础教育的普及程度已经达到了一个新的高度。而农村中小学现代远程教育工程也取得明显成效，农村学校办学条件有较大改善，生均仪器设备值和建网学校比例增加较快。目前，工程完成投资共111亿元，其中中央专项资金50亿元，地方投资61亿元，超出计划11亿元。共配备教学光盘播放设备401 028套，卫星教学收视系统278 737套，计算机教室和多媒体设备44 566套，覆盖中西部农村教学点78 080个，农村小学250 552所，农村初中29 729所。

另外，教育部、财政部从2010年开始在中西部地区和东部的辽宁、山东、福建等3省实施农村义务教育薄弱学校改造计划（以下简称薄改项目）。校舍改造类项目是该计划的主要内容，截至2013年底，中央财政已投入校舍改造资金399亿元。到2013年底，薄改项目全国已开工68 981个，开工面积4 053.82万平方米，占规划面积的79%；已竣工51 283个，竣工面积2 952.24万平方米，占规划面积的58%。其中，2010年中央资金项目竣工率为97.01%，2011年为85%，2012年为53%。目前，薄改项目取得了显著成效。一是农村学校学生生活条件明显改善。2012年全国小学寄宿生生均宿舍面积为3.1平方米，比2009年增长24%。初中寄宿生生均宿舍面积达到4.2平方米，比2009年增长40%。厕所条件得到明显改善，大通铺等突出问题得到有效缓解，绝大多数地区保障了学生饮用水。二是学校食堂条件有较大改善，集中连片贫困地区699个县普遍建设了学校食堂，为国家营养改善计划的顺利实施创造了条件。三是城镇学校大班额问题得到一定缓解。县镇学校扩容改造后绝大多数省份学位大大增加，一些地区大班额消减效果明显。如湖北省84个项目县义务教育大班额占比从2010年的52%下降到31%。吉林省新增班级数1 696个，学位数53 690个，全省乡镇学校基本消除大班额。

（三）农村医疗卫生事业有所发展

1.农村医疗卫生情况

由国家卫生部统计资料可知，截至2015年末，我国医疗卫生费用投入为11 953.18亿元，比上年增长17.46%，占全国财政支出的7.88%。乡镇卫生院个数为3 817个，拥有卫生人员127.8万人，床位119.61万张；村卫生室64.1万个，设卫生室的村数占行政村数的93.3%，拥有乡村医生与卫生人员103.2万人，每千农业人口乡镇卫生室人员为1.50人。具体发展情况见表6-3。

表6-3 2003~2015年我国农村医疗卫生情况

年份	卫生院/个	卫生人员数/万人	床位/万张	村卫生室/万个	设卫生室的村数占行政村数比重/%	乡村医生与卫生员数/万人	平均每千农业人口村卫生室人员/人
2003年	44 279	–	67.27	–	–	86.8	0.76
2004年	41 626	–	66.89	–	–	88.3	0.76
2005年	40 907	101.2	67.82	–	–	91.7	0.78

续表6-3

年份	卫生院/个	卫生人员数/万人	床位/万张	村卫生室/万个	设卫生室的村数占行政村数比重/%	乡村医生与卫生员数/万人	平均每千农业人口村卫生室人员/人
2006年	39 975	100.1	69.62	60.9	88.1	95.7	0.80
2007年	39 876	103.3	74.72	61.4	88.7	93.2	0.85
2008年	39 080	107.4	84.69	61.3	89.4	93.8	0.96
2009年	38 475	113.1	93.34	63.3	90.4	105.1	1.05
2010年	37 836	115.1	99.43	64.8	92.3	109.2	1.12
2011年	37 295	116.6	102.63	66.3	93.4	112.6	1.27
2012年	37 097	120.5	109.93	65.3	93.3	109.4	1.25
2013年	37 015	108.1	113.65	64.9	93.0	108.1	1.66
2014年	36 902	124.7	116.73	64.5	93.3	105.8	1.64
2015年	36 817	127.8	119.61	64.1	93.3	103.2	1.50

资料来源：《中国农村统计年鉴（2000—2016）》。

2.农村儿童死亡率和孕产妇死亡率

近几十年来农村儿童死亡率和孕产妇死亡率明显下降，其中新生儿死亡率从1991年的37.9%下降至2015年的6.4%，婴儿死亡率从1991年的58.0%下降至2015年的9.6%，5岁以下儿童死亡率从1991年的71.1%下降到2015年的12.9%，农村孕产妇死亡率从1991年的100/10万人，下降到2015年的20.2/10万人。整体而言，各类死亡事件均呈现逐年下降的趋势，其中孕产妇死亡率接近于城市，但农村儿童死亡率却是城市儿童死亡率的2倍左右，见表6-4。

表6-4 5岁以下儿童和孕产妇死亡率

年份	新生儿死亡率 / %			婴儿死亡率 / %			5岁以下儿童死亡率 / %			孕产妇死亡率 / 1/10万		
	合计	城市	农村	合计	城市	农村	合计	城市	农村	合计	城市	农村
1991	33. 1	12.5	37.9	50.2	17.3	58.0	61.0	20.9	71. 1	80.0	46.3	100.0
2000	22.8	9.5	25.8	32.2	11.8	37.0	39.7	13.8	45.7	53.0	29.3	69.6

续表6-4

年份	新生儿死亡率 / %			婴儿死亡率 / %			5岁以下儿童死亡率 / %			孕产妇死亡率 / 1/10万		
	合计	城市	农村	合计	城市	农村	合计	城市	农村	合计	城市	农村
2001	21.4	10.6	23.9	30.0	13.6	33.8	35.9	16. 3	40.4	50.2	33. 1	61.9
2002	20.7	9.7	23.2	29.2	12.2	33. 1	34.9	14.6	39.6	43.2	22.3	58.2
2003	18.0	8.9	20. 1	25.5	11.3	28.7	29.9	14.8	33.4	51.3	27.6	65.4
2004	15.4	8.4	17.3	21.5	10. 1	24.5	25.0	12.0	28.5	48.3	26. 1	63.0
2005	13.2	7.5	14.7	19.0	9. 1	21.6	22.5	10.7	25. 7	47.7	25.0	53.8
2006	12.0	6.8	13.4	17.2	8.0	19.7	20.6	9.6	23.6	41. 1	24.8	45.5
2007	10.7	5.5	12.8	15.3	7.7	18.6	18. 1	9.0	21.8	36.6	25.2	41.3
2008	10.2	5.0	12.3	14.9	6.5	18.4	18.5	7.9	22.7	34.2	29.2	36. 1
2009	9.0	4.5	10.8	13.8	6.2	17.0	17.2	7.6	21. 1	31. 9	26.6	34.0
2010	8.3	4. 1	10.0	13. 1	5.8	16. 1	16.4	7.3	20. 1	30.0	29.7	30. 1
2011	7.8	4.0	9.4	12.1	5.8	14.7	15.6	7. 1	19. 1	26. 1	25.2	26.5
2012	6.9	3.9	8. 1	10.3	5.2	12.4	13.2	5.9	16.2	24.5	22.2	25.6
2013	6.3	3.7	7.3	9.5	5.2	11.3	12.0	6.0	14.5	23.2	22.4	23.6
2014	5.9	3.5	6.9	8.9	4.8	10.7	11.7	5.9	14.2	21.7	20.5	22.2
2015	5.4	3.3	6.4	8. 1	4.7	9.6	10.7	5.8	12.9	20. 1	19.8	20.2

3.新农合发展

自2002年提出的“新型农村合作医疗制度”（简称新农合），近几年也取得了骄人的成绩。从2003年开始，本着多方筹资，农民自愿参加的原则，新型农村合作医疗的试点地区正在不断地增加，通过试点地区的经验总结，为将来新型农村合作医疗在全国的全面开展创造了坚实的理论与实践基础。

2011年2月17日中国政府网发布了《医药卫生体制五项重点改革2011年度主要工作安排》，明确了2011年政府对新农合和城镇居民医保补助标准均由上一年每人每年120元提高到200元；城镇居民医保、新农合政策范围内住院费用支付比例力争达到70%左右。

2012年起，各级财政对新农合的补助标准从每人每年200元提高到每人每年240元。其中，原有200元部分由中央财政继续按照原有补助标准给予补助，新增40元部分由中央财政对西部地区补助80%，对中部地区补助60%，对东部地区按一定比例补助。农民个人缴费原则上提高到每人每年60元，有困难的地区，个人缴费部分可分两年到位。

2013年9月11日，国家卫生和计划生育委员会下发《关于做好2013年新型农村合作医疗工作的通知》，要求自2013年起，各级财政对新农合的补助标准从每人每年240元提高到每人每年280元。政策范围内住院费用报销比例提高到75%左右，并全面推开儿童白血病、先天性心脏病、结肠癌、直肠癌等20个病种的重大疾病保障试点工作。

据2014年5月27日财政部网站消息，财政部、国家卫生计生委、人力资源和社会保障部4月25日发布《关于提高2014年新型农村合作医疗和城镇居民基本医疗保险筹资标准的通知》，指出2014年新型农村合作医疗和城镇居民基本医疗保险筹资方法为：各级财政对新农合和居民医保人均补助标准在2013年的基础上提高40元，达到320元。其中：中央财政对原有120元的补助标准不变，对200元部分按照西部地区80%和中部地区60%的比例安排补助，对东部地区各省份分别按一定比例补助。农民和城镇居民个人缴费标准在2013年的基础上提高20元，全国平均个人缴费标准达到每人每年90元左右。

2016年6月，据央视报道，为全面推进新型农村合作医疗（包括卫生计生部门负责的城乡居民基本医疗保险）异地就医联网结报工作，国家卫生计生委会同财政部制定了《全国新型农村合作医疗异地就医联网结报实施方案》（以下简称方案），提出2016年底前实现省内异地就医联网结报，开展新农合转诊住院患者跨省定点就医结报试点；2017年底前，实现新农合转诊住院患者全国异地就医联网结报。

截至2015年底，全国参加新型农村合作医疗人口数达6.7亿人，参加率为98.8%。2015年度新农合筹资总额达3 286.6亿元，人均筹资490.3元，全国新农合基金支出2 993.5亿元。见表6-5。

表6–5 全国新型农村合作医疗情况

	2014	2015
参加人口数 / 亿人	7.4	6.7
参加率/%	98.9	98.8
当年筹资总额 / 亿元	3 025. 3	3 286.6
人均筹资 / 元	410.9	490.3
当年基金支出 / 亿元	2 890.4	2 993.5

注：部分城市统一实行城乡居民基本医保制度，参加人数有所减少。

（四）农村科技投入有所增加

“十一五”期间，科技部管理的科技计划共向农村农业领域投入187亿元，比“十五”期间的49亿增加了近三倍。主要用在了对粮食安全、动植物新品种选育、重大动植物疫病防治、农产品深加工、优质禽畜、水产养殖及农业信息化等方面的支持。到2010年，农业科技进步贡献率达到52%，科技贡献首次超过了土地、劳动力及物质投入要素的贡献份额。截至2015年年底，农业科技进步贡献率进一步提高到超过56%。全国县乡两级公益性推广机构中，82.5%的基层农技推广机构已列为财政全额拨款单位，农技人员工资保障有了明显改善。

二、农村公共产品供给存在的问题

近年来，虽然我国加大了对农村的基础设施、教育条件、医疗卫生事业和农业科技投入等公共产品的供给，但在供给过程中所存在的问题仍然让我们无法忽视。无论是基础设施、文化教育，还是医疗卫生保障等方面，都或多或少存在着供给总量不足的现象，尤其是一些农民必需和急需的公共产品供给不到位，反而是对于农民来说实际益处不大的公共产品却存在着供给过剩的情况。同时，受制于现有的城乡二元体制以及政策、地域条件，公共产品的供给在一些方面仍然存在着不公平的现象。

（一）总体供给不足

1. 基础设施方面

长期以来，农村基础设施建设大部分资金都是由农民自身负担，政府资金投入有限，利用社会资本和其他金融机构的支持也不够，即使政府近年来投入总额有所增长，但仍然不能满足现实需求，投入总额与国家财政支出比例不协调。而且并不能稳定持续地进行投入。投资额1998年为10.69%，到了2007年降为6.84%，为数十年来的最低点，此后又逐年提高到9%~10%之间，2015年为9.88%，见图6-4。

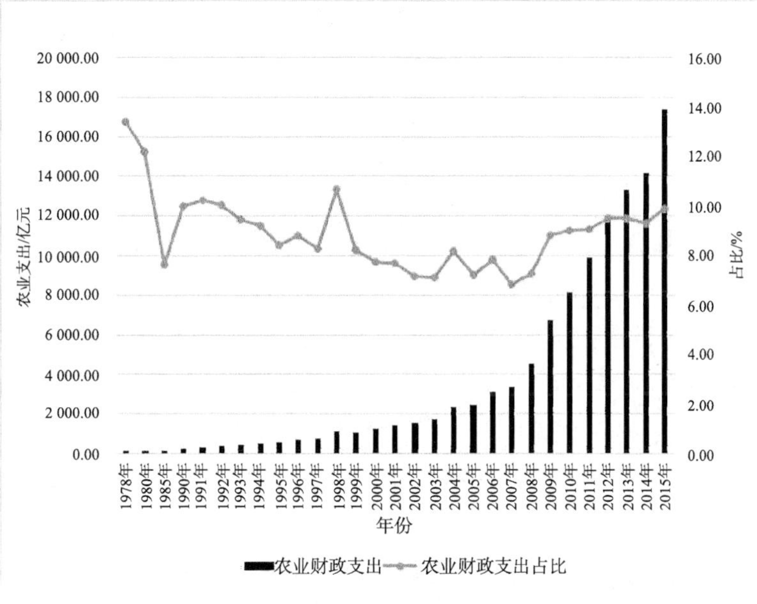

图6-4　1978~2015年国家财政对于农业的支出

资料来源：《中国农村统计年鉴（2002~2016）》。

2. 教育方面

2015年全国预算内教育经费为26 271.88亿元，占财政支出175 877.77亿元的比例为14.94%，比上年的16.32%减少了1.38%，而纵观20多年来的预算比例，自1996年达到最高点21.06%后，就呈现出明显的逐年下降的趋势，最低为2009年，仅占13.68%，2012年为近10年来的最高值，占16.86%，但此后又逐年降低（见图6-5）。

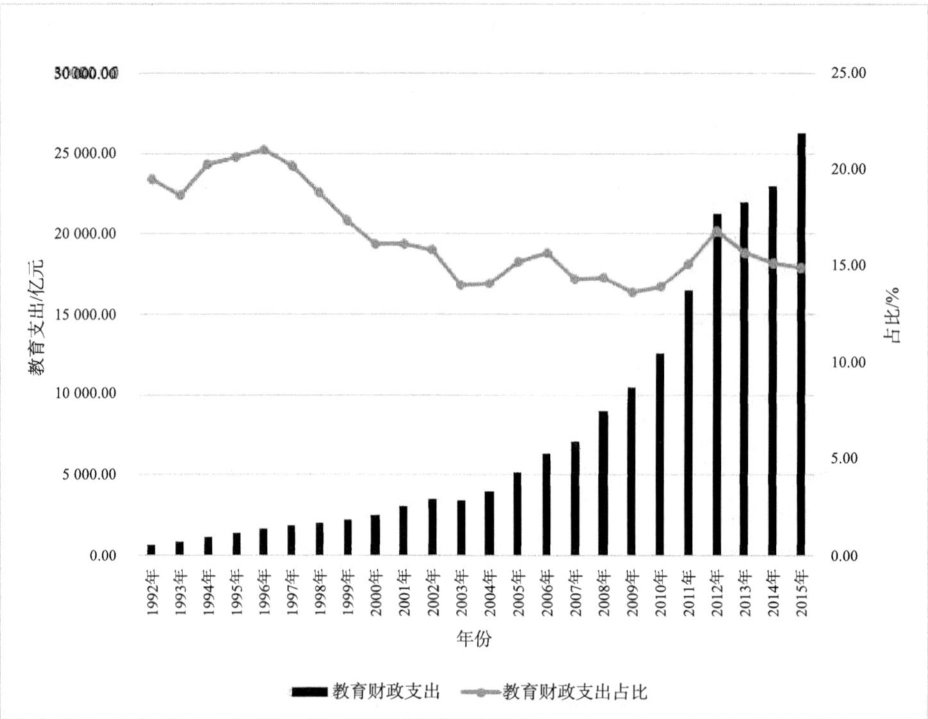

图6-5 1992~2015年国家财政对于教育的支出

长期以来，我国各级各类学校教育经费总投入中义务教育阶段教育经费投入占总投入比例低于60%，而农村义务教育投入占总投入比重近年还不足30%，而且在农村义务教育总投入中政府财政拨款所占比例也不高。据统计显示，我国普通小学生均预算内事业费支出为3 357.92元，其中农村普通小学生均预算内事业费支出为3 178.08元，低于全国平均水平179.84元；全国普通初中生均预算内事业费支出为4 331.62元，其中农村普通初中生均预算内事业费支出为4 065.63元，低于全国平均水平265.99元。

3.卫生医疗方面

虽然近年来国家对农村医疗卫生总投入有所增加，但是占财政支出的比重仍然偏低。根据国家相关政策要求，政府财政对医疗卫生事业的投入不得低于同级财政支出的8%。从图6-6中可以看到，我国近年来虽不断增加对医疗卫生的投入，从2005年的1 552.53亿元增加到2015年的11 953.18亿元，所占国家财政经费支出的比重从2005年的

4.58%增加到2015年的6.80%，但是我国医疗卫生经费占国家财政支出的比重仍然偏小，远未达到8%这一标准。

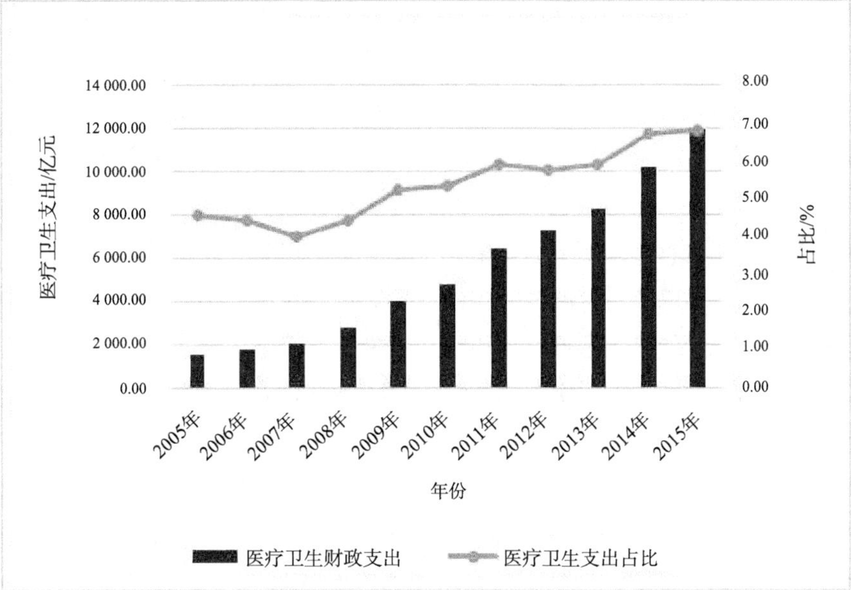

图6-6 2005~2015年国家财政对于医疗卫生的支出

资料来源：《中国统计年鉴（2006~2016）》。

（二）供给结构失衡

1. 公共产品的总体供给结构不合理

主要表现在：一方面，农民急需的公共产品供给严重不足，涉及农村可持续发展的公共产品供给严重短缺。如大型水利灌溉设施、大型农业固定资产投资、农作物良种的开发和培育、有关农产品市场供求信息的预告等，以及公共卫生、社会保障、环境保护等公共产品。另一方面，与农民生活生产联系不密切的公共产品供给却呈过剩的状态。一些贫困落后地区热衷于修建休闲广场、歌舞剧院、高档宾馆等设施，还冠之建设新农村、改善农民生活质量的美名，实际上，这些设施成了“面子工程”，并没有给予农民的生活以实质上的改善，反而造成了资源的浪费。

2. 一些公共产品在经费的分配和使用上不合理

以科技投入为例，在投资比例方面，科研三项费用、科学事业费用、农业推广费用这几方面费用就存在分配不合理的现象。除此以外，农业科研投入的管理部门多头，科研经费渠道过于分散，投入用途并不十分明确，导致我国科研经费并没有实现最优配置，如近年我国财政扶持农业综合开发的资金大幅度增加，其中“三高”农业的科研投入仅占一定比例，相当一部分经费被用于人头经费和科研院所的基础设施修建和改造。根据中国人民大学农业经济系课题组对西部地区农业技术推广情况的调查，50%的农业技术推广机构没有业务经费，而有这项经费的机构中，人员工资与业务经费的比例平均为11.6∶1。由于投资结构的失调，农业科研经费在投资力度不足的情况下更是雪上加霜，影响了农村科技的研发，农村科研人员也不能安心地搞研究，导致许多高级农业人才流失，对农村的持续发展造成了极大的负面影响。

（三）供给不公平

我国农村公共产品供给的不公平性，主要体现在城乡之间以及各地区间的供给不公平两方面。

在城乡之间，在现行公共产品供给体制下，城市居民享受着优质的基础教育，发达的交通，优越的市政设施以及健全的社会保障，而农民不仅在农村的基础设施、教育、社会保障、医疗卫生等方面的供给远低于城市供给条件，甚至还要为享用这些公共产品交纳一些摊派和集资费用。而城市居民则不需从税后收入中支付除使用费以外的更多的费用。这对于经济条件和收入水平远低于城市的农民和农村地区来讲，显然是不公平的。

以医疗卫生服务为例，我国卫生资源在城乡间也分配不均匀，2016年我国的农村和城市人口分别占50.32%、49.68%，但是卫生总费用投入却分别为32.8%和67.2%。城乡人均卫生费用差距更为明显，2014年，城市人均卫生费用为2 581.70元，而农村人均卫生费用仅为1 412.21元。城乡间的差距导致农民在医疗卫生方面得不到有效、完善的保障。见图6-7。

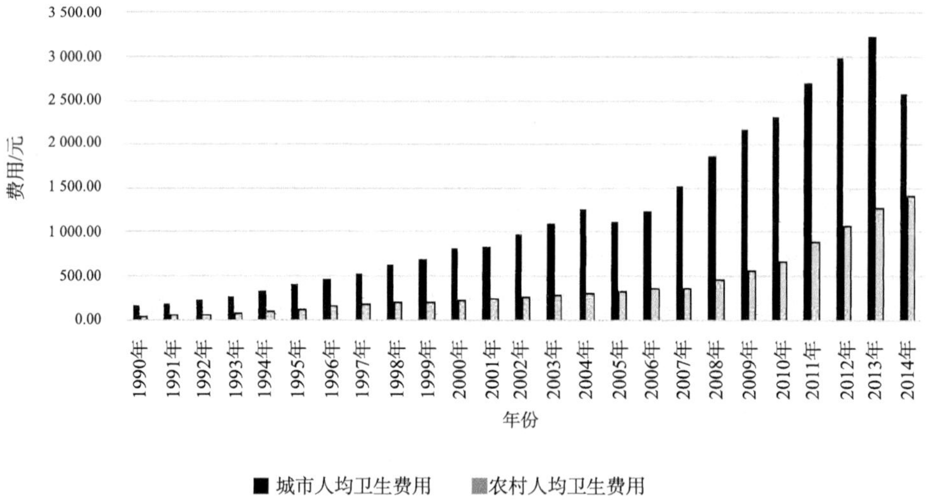

图6-7 城乡人均卫生费用情况

资料来源：由《中国卫生统计年鉴（2016）》《中国统计年鉴（2016）》有关数据整理计算得到。

在地域之间，由于地理位置和资源禀赋的差异，我国农村各地区的经济和社会发展极不平衡。在现行的农村公共产品供给主要由本地政府主导的体制下，必然会出现农村不同地区间公共产品供给的不公平。具体表现在：地理位置优越、市场经济发达、乡镇企业多的东部沿海的农村地区，政府有着充裕的财政收入，能够承担起完善、优越的公共产品供给，而资源匮乏，经济发展落后，乡镇企业少的中西部地区，政府的财政收入无法得到有效的保障，自然无力提供适应农村发展、农民需要的公共产品。

三、农村公共产品供给匮乏的原因

我国农村公共产品供给不足，农民生产生活急需的公共产品缺失的原因是多方面的。有历史遗留下来的影响，也有相关政策调整所带来的影响，有公共产品供给体制不合理的原因，还有监督机制缺乏等方面的影响。但是，我国目前的农村公共产品供给状况，很大一部分是因为受到了中华人民共和国成立以来我国的发展战略、政策及制度的影响。

（一）历史以及政策因素影响

中华人民共和国成立后，百废待兴，工业亟须恢复和发展，在这种背景下，出现了“重工轻农”的发展策略。为了加快建立现代化工业国家目标的实现，在1950~1994年的45年中，政府通过工农产品“剪刀差”大约取得了20 100亿元收入，同期农业税收入为2 733亿元，财政支农支出5 346亿元，政府提取农业剩余净额约为17 486亿，平均每年从农业部门流出的资金净额达388亿元。政府通过农业税、工农产品“剪刀差”、农村储蓄外流等，集中农村的大部分财力来建设城市和工业。农业无偿支持了工业，农村无偿支持了城市，城市公共产品供给由政府一手“包办”，结果是城市居民生活质量显著提高，国家工业规模也急剧扩大。而与此同时，农业、农村、农民则因“失血”过多而削弱了自身的发展能力，农村公共产品还需由农民自己“埋单”，致使农村社会事业发展滞后，公共产品供给严重不足，农民生活越来越贫困，城乡差距不断拉大。

（二）决策机制不合理

我国目前的公共产品供给“自上而下”的决策体制，没有充分考虑到作为供给对象的农民的切实需求，这就导致所做出的决策偏离实际情况，公共产品的供给没有做到有效化、合理化。出现“自上而下”的决策机制的原因一方面是政府官员不是公共选择的结果，而是上级任命的结果，这就导致其必然为了自己的政绩和利益，着重进行“面子”工程和“形象”工程的建设，而忽视与农业生产和农民生活联系紧密的公共产品的供给。另一方面作为利益相关者的农民却无法通过有效的渠道参与和影响到公共产品供给政策的制定。这种由来自于与农民不具有同等利益的政府所进行的公共产品供给决策，必然会脱离农民的实际需求，导致公共产品供给的结构失衡和公共资源低效率的配置。

（三）供给主体和方式单一

实践证明：在农村公共产品的供给中，应依据公共产品的层次和特性，构建政府、农村社区、私人部门、非营利性组织（也称第三部门）“四位一体”的农村公共产品的供给主体结构。但目前我国现行的农村公共产品供给体制，在供给主体和方式上都过于单一，主要是由政府垄断供给，其他部门和组织的作用没有充分发挥。单一的政府供给主体，因财力限制和供给的强制性很难完全满足农户的有差异的公共产品需求，又缺乏其他的资金筹措渠道，影响了农业生产的持续稳定发展。这种影响在税费改革后尤为明显，基层政府财政收支失衡，公共产品供给的财政资金不足，而社会上的其他资金又没有及时引入，严重影响了公共产品供给的效率。

（四）监督机制缺乏

首先，农村公共产品供给涉及的部门多，资金投入分散。在生产和提供农村公共产品的过程中，各级政府出于各自政绩和利益考虑，对经手的公共资金进行层层“过滤”，公共产品也被层层加价，导致供给效率低下和无序。这种现象的出现进一步增加了农村公共产品的供给成本，农民所承受的成本负担加重。其次，我国农村公共产品主要由政府自上而下提供，农民受限于自身文化素质以及公共资源信息的不对称，导致农民维权意识淡薄，难以真正意义上地参与到民主监督中去，并且较缺乏民主监督的能力，这使农村公共需求与供给难以实现最佳耦合，在农村公共资源的筹集、使用和管理上的监督作用难以得到充分发挥。再次，乡、村财务管理混乱，资金使用的非透明化使得一些管理人员有机可乘，假公济私，资金被滥用、挪用甚至贪污以及暗箱操作等现象比较普遍，给本就不宽裕的农村公共产品供给资金造成了极大的浪费和损失。

四、农村公共产品供给匮乏对农民增收的影响分析

在上一节，我们分析了农村公共产品对农民增收的作用机理，表明了农村公共产品对农民增收的重要作用。但是从我国目前的供给现状来看，农村公共产品供给匮乏已然成为一个不争的事实，而农民收入又可以按其来源划分为家庭经营性收入、工资性收入、财产性收入和转移性收入。此处分别阐述农村公共产品供给匮乏对这四项收入的影响。

（一）农村公共产品供给匮乏影响农民家庭经营收入增长

家庭经营收入，是指农村居民从事家庭生产及其经营所得的收入，它又包括家庭经营第一产业收入（即农业生产收入）和家庭经营第二、第三产业收入，其中最主要的就是家庭成员从事农业生产经营活动获得的收入。农业生产离不开农业基础设施的投入和农业科技的支持，农田水利灌溉设施、乡村道路的修建对农产品的生产、运输、销售影响巨大，农田水利设施也关系到农业抵抗自然灾害的能力，而道路设施的是否完善还关系到家庭第二、第三产业的收入，一些农村的手工业产品以及具有地方

特色的产品也受制于道路不便，无法有效地进入市场转化为农民的收入。从农业科技投入来看，我国在农业科技推广、农民科技素质提高、病虫防害等工作方面做得还不够，致使农产品产量得不到有效的提升，农产品科技含量低、品质差、市场竞争力弱，这些都影响到了农民家庭经营收入的稳步提升。在我国大部分农村，家庭经营收入仍然是农民收入的主要来源，所以解决好农村公共产品供给匮乏的问题，对农民收入的提升有着至关重要的作用。

（二）农村公共产品供给匮乏影响农民工资性收入增长

工资性收入是指农村劳动力受雇于单位或个人，通过为他人提供劳动而得到的报酬收入，即农民从事非农业生产而获得的收入。在农户基本收入构成中，除了家庭经营性收入外，另一个重要来源就是工资性收入。随着社会经济的发展和市场经济的影响，大量农村剩余劳动力受雇于乡镇企业或者到沿海城市打工，在这个劳动力转移的过程中，农民获得了大量工资性收入，在许多地方，工资性收入甚至已经超过家庭经营收入，成了农民收入的最主要来源。但是由于作为公共产品的农村基础教育落后、职业教育和培训跟不上发展的需要，导致农村劳动力普遍文化素质较低，缺乏一技之能，只能从事那些工作环境差、劳动强度大、收入低的工作。长期以来，农村教育和医疗卫生服务落后，使得农村劳动力的人力资本提升、身体素质的提高受到很大的制约。而人力资本和身体素质又是关系到农民工资性收入增长的关键因素，如果不改变目前我国农村教育落后和医疗卫生服务不完善的现状，那么农民的工资性收入增长就会遇到瓶颈，无法继续提高。所以加大农村基础教育和职业教育的投入，改善农村医疗卫生条件势在必行。

（三）农村公共产品供给匮乏影响农民转移性收入增长

转移性农民收入是指包括在外人口寄回或者带回家庭的收入和农村外部亲友赠送的收入，还包括土地征用补偿的收入，以及政府各种补贴、社会救济、社会保障等收入。此处的转移性收入有一部分是由农民在外打工的工资性收入转入的，本书主要谈的是农民在二次分配中的所有收入，即农村公共产品供给匮乏对农民转移性收入中的政府补贴、社会救济等方面的影响。

目前，我国农村人均转移性纯收入还远低于城镇居民人均转移性收入，显现出作为公共产品一项的财政支出，对于农民转移性收入支持力度还不够，这不仅影响到农村居民收入的增长，最重要的是社会救济、社会保障、五保户等供给直接关系到农民的生活质量和健康水平，如果农民没有得到政府转移支付的支持渡过难关，那么还会影响到农民在未来的日子里家庭经营性收入和工资性收入的增长，所以转移性支付看似占农民收入的比重不是很大，但是牵一发而动全身，并且还关系到农村的和谐。所以政府必须改变目前农村公共产品供给匮乏的现状来促进农民收入的全面增长。

（四）农村公共产品供给匮乏影响农民财产性收入增长

农民财产性收入是指包括利息收入、股息收入、租金收入、出让特许权收入、集体财产收入、其他财产收入。财产性收入在1993年是归入转移性收入的，主要原因是它总量较少，2015年农民人均财产性收入仅为251.5元。但是财产性收入的前提是先有财产，随着农村居民收入的增长，财产性收入理应受到我们的重视，想要使农村居民的财产性收入得到增长，就必须形成财产的集聚效应，也就是说必须是农民的其他方面收入得到了增长，财产性收入才能在这个基础上得到增长，但是由于我国农村公共产品供给的匮乏，农民的其他三项收入快速增长受到了一定的限制，这也间接影响了财产性收入的增长。除此以外，农村教育的落后和文化培训的不足也在一定程度上限制了财产性收入的增长。比如现阶段，农民的财产性收入主要来源于通过储蓄而获得的银行的利息，通过其他金融渠道获得的收入很少，这就说明了我国农村公共产品在教育文化方面供给的匮乏和不足，农民缺乏必要的理财知识和经济头脑，影响了农民的财产性收入增长。

第四节　基于农民增收的农村公共产品供给政策建议

一、加大公共财政对农村公共产品投入

农业发展事关国家的稳定大局，由于农业本身所具有的弱质性和抗风险能力不足等原因，国家应当充分重视农业的投入，尤其要认识到农村公共产品投入的重要性，在财政上予以倾斜和扶持，合理分配资金总量和支出结构，保证农业生产生活的正常有序开展。

（一）应加大财政支农力度

对农村来说，加大财政投入力度，可以有效地支持农村农田水利灌溉等生产性设施的发展，带动农业增产增收，带动农村信息网络建设、公路运输等基础设施的稳步推进；对于农业科技的开展也有着重要的推动力，有利于提高农业科技含量，增加农业产量等。另外，一定要不断强化财政持续对农村义务教育的投入，保证九年义务教育在农村的顺利开展，真正提高农村劳动力的文化素质，提高农业的可持续发展能力。同时，在农村医疗卫生环境十分落后的情况下，农村应当成为医疗卫生工作的重点所在，全力改善农村医疗卫生现状，下大力气建设医疗基础设施和培养合格、高素质的卫生队伍，逐步扩大新农合的覆盖范围和受益人群，保证广大农民不“因病致贫”和“因病返贫”。还要加强政府的转移支付力度，保证农村低保户和困难户的生活质量，在物质和

精神上要予以帮助和关心，使农村的社会救助体系更加完善。

（二）要转变财政支农的结构和方式

过去我国农村的大部分财政支农资金并没有真正有效地运用到农田水利灌溉设施、增加农业科技含量等完善农业生产条件，以及作用于农村道路建设、电网改造等改善农业生活条件的公共产品供给上，而人头费、事业费却占据了财政支农资金的大部分比例，直接影响到了财政支农资金的使用效率，损害了农民的相关利益。在今后的工作中，必须竭力改变这一现状，保证财政支农资金真正用到实处，切实改善农业生产和生活条件。另外，在财政支农的方式上，应当重点解决部分农户在生产过程中所遇到的资金短缺的问题，通过无息或低息的借款方式帮助农民及时地采购种子、农业机械等生产必需品，保证农业生产的正常开展，通过这种方式来提高农产品的产量，促进农民增收。

二、建立城乡一体化的公共产品供给体系

长期以来，在各个方面的公共产品和公共服务提供上，城乡之间基本上是“一国两策”，农村无论在得到的公共产品数量和质量上都是无法和城市相提并论的，这一决策明显偏向城市，违背了公平、公正原则。针对城乡在公共产品供给上的差距，必须改革现有的不平等的公共产品供给制度，在给予城市优质公共产品供给的同时，也不能忽略农村的建设和农民的感受。让农民感受到国家的支持，享受到基本的国民待遇，这样才能保证社会和谐稳定，国家经济建设正常进行，人民幸福指数不断提升。具体来说：

第一，要建立城乡公共产品供给统一规划制度。政府在财政预算时要合理分配城乡公共产品供给的比例，不能厚此薄彼，实现各项公共产品在城乡间的均衡配置。

第二，在资金总量和结构方面要做到立足现实需求，满足广大农村居民的生产生活需要，加大中央和各级政府的转移支付力度。资金投入总量方面要稳中有升，逐步缩小因历史原因造成的城乡居民在享受公共产品和服务方面的巨大差距。

第三，要采取切实措施增加农民收入。把积极财政政策的公共工程投入向县乡延伸，并注意加大农民以工代赈的力度，为农村劳动力提供大量就业机会。

总之，城乡二元结构所带来的公共产品供给不均衡问题必须要引起各级政府的关注，一定要深入农村，了解农村居民的安危冷暖和切实需要，在农村公共产品的供给上要充分保障广大农村居民的日常生产生活需求，促进农村经济的繁荣和发展，带动农民收入的稳步增长，不断缩小城乡差距，使城乡一体化的公共产品供给体系真正发挥其应有的作用。

三、构建多元化的农村公共产品供给模式

在农村税费改革后，我国农村面临着基层政府财力有限的困境，在这种背景下，农民自身所承受的公共产品供给责任在不断加大，出现了农村公共产品供给主体不合理、供给总量不足、供给效率低下等一系列的问题。与之相对的是，在需求方面，改革开放以来，农村生产力得到了解放，农业生产规模不断扩大，农民生活质量在逐渐改善，自然，对农村公共产品的需求也在不断增长。在这种情况下就出现了供给与需求的矛盾。那么建立以政府供给为主导、调动民间投资的积极性，动员社会各方面的力量投入到农村公共产品的供给中来的多元化供给模式，就显得更加迫切。

（一）在供给主体上

必须要确立政府在农村公共产品供给的主体地位，并且形成多元化的供给体制。各级政府要明确其供给范围：属于全国性或者地方政府无力承担的公共产品供给，由中央政府承担；属于省市级政府承担的财政支出，省市级财政应极筹措资金予以保障；属于地方性或者受益范围明显的农村公共产品供给，由县乡级基层政府承担供给。对于跨行政区的区域性支农项目，上级政府应加以协调甚至从政策上给予必要扶助；还可以采用公私合作的方式来提供那些收益小、受益范围难界定的农村准公共产品；对于那些由于政府财力不足但可以用市场化手段来推行的农村公共产品，采用“谁投资，谁收益”的原则吸引民间资本进入，采取私人供给的方式。这样通过政府、私人、第三团体的共同参与形成供给主体的多元化，才能有效地提高农村公共产品的供给效率。

（二）在供给资金来源上

采用多渠道的供给方式，充分结合政府和私人以及社会各界的力量来筹措资金。属于各级政府按照要求应当承担的资金，由各级政府按照预算直接投入到公共产品供给中。对于公共产品供给资金的缺口和不足，政府可以在保证供给效率和供给秩序的同时，充分参考农民的意愿，引进社会资本和私人资本来对公共产品进行供给，以弥补政府投入资金的不足和效率的缺失。除此以外，政府还可以创新筹资方式，通过农村信用社等一些金融机构融资来解决资金不足的问题，把这些资金充分利用起来，多管齐下，保证农村各项生产生活正常开展所需的公共产品的供给有序合理地发挥作用，提高公共服务的效率和质量。

（三）在供给方式上

除了以中央和地方政府提供财政资金的方式来解决与农村发展、农民生活紧密相连的公共产品供给外，也可以通过其他的供给方式来对政府供给进行补充和强化。

一是采用委托私人的方式，这主要是对于那些可以收费的农村公共产品，政府通过承包、租赁、托管等方式在政府和私人之间签订合同，私人或企业按照政府的意图或合

同来提供公共产品。

二是鼓励、补贴私人的方式。比如实行税收优惠政策，对第三方组织向农民提供的服务所取得的收入免征所得税；还可以通过对第三方组织提供资金支持，银行、农村信用社等金融部门要给予信贷优惠政策，提供低息甚至无息贷款等。

四、建立和完善农村公共产品供给的需求表达机制

人们大多是基于公共产品供给主体来考虑问题和分析问题，但是对于供给过程中非常关键的供给对象——农村和农民，也不能忽视他们的意见和利益诉求。所以政府在提供公共产品供给过程中一定要针对农村实际情况和需求进行供给，并且要和农民进行充分的沟通，了解农民生产生活中最为需要的公共产品，这样在供给过程中才可以做到有的放矢，提高公共产品供给效率，最大程度上保证公共产品效益的发挥。但是从传统来看，农民在这个过程中话语权不强，都是政府“自上而下”地进行决策和供给，这不免导致政府所提供的公共产品不能最大程度地满足农村和农民的现实需求，会出现效率流失、所提供的公共产品不能达到最优化。所以，政府必须立足于农民的现实需求，加强和农民的交流，完善双方的沟通机制。

具体可以从以下几点来做：

第一，改革现有的供给决策机制，使供给决策机制更加科学化、民主化，充分调动农民参与的积极性和主动性，由农民自主地通过投票方式来决定本地区的公共产品需求。

第二，转变政府意识，提高政府服务水平。政府的管理职能应当由管理者向服务者转变，给予农民更多的公共产品选择机会和完善相应的选择机制。从思想和意识上摆正自己的地位，充分尊重农民在公共产品选择上的表达权。

第三，要提高农民组织化程度，增强农民群体的力量和维护自身权益的意识。农民作为一个弱势群体，缺少在政府决策过程中表达其利益的声音，那么成立农民协会就显得非常必要。农协作为一个表达农民利益的非政府组织，在同政府的“谈判”中会显得较有话语权，能充分表达农民的利益诉求，有效地抑制公共产品的“强制”、不合理的供给。

通过这些措施的多管齐下，才能让农民在公共产品的选择上做到表达实际需求，使政府能够合理地对农村公共产品进行配置，保证公共产品的供给效率，发挥农村公共产品供给对农民增收的促进作用，从最大程度上维护广大农民的利益。

五、健全农村公共产品供给的监督机制和约束机制

随着农村公共产品供给的投入不断加大，完善相应的监督机制和约束机制对保障农民的利益和农村公共产品的正常供给就显得尤为必要，对于遏制贪污、暗箱操作等丑恶现象客观上也起到很大的制约作用，更是充分保证公共产品供给效率的必要手段。

首先，充分调动农民的监督积极性，保证农民对公共事务的知情权、参与权和监督权，要从思想上让农民认识到自身的监督对农村公共产品的合理供给会起到重要的促进作用。村民大会和村民代表大会也要发挥自身的组织作用，定期检查农村公共产品资金的收支情况，使公共产品的监督机制切实发挥应有的作用。

其次，加大对财政支农资金的监管力度。除了要加强单位内部审计和监督外，还要引进第三方和社会的监督，对支农资金严格审核，严格把关。还要建立相关的资金使用和考核机制，保证资金的每笔开支都有明确记录，在资金的使用上也要合理有效，提高资金的使用效率。基层的农村公共产品专项资金使用者和监管者也要严格履行自己的职责，对转移、挪用公共产品专项资金等贪污腐化的行为和个人进行严惩。

再次，完善基层官员的政绩考核体系，对政府政策做出科学性和可行性评估，避免一些官员为了政绩和“面子工程”置农民的切实利益于不顾，做出一些不合理的决策，比如盲目的追求短期、政绩效应，使公共产品的供给出现结构失衡，不能真正体现老百姓的需求。因此，要从农村的经济增长、公共品供给质量、农民生活质量等方面进行更为全面的考核。另外，要杜绝政策决策者主观、不切实际地做出决策，对政府官员的政绩对其施政行为进行民主评议，充分发挥民众和社会的监督作用，对其不恰当的行为要进行问责。通过多种渠道的努力，为农村公共产品的有效供给保驾护航。

第七章　农地制度对农民增收的影响

第一节　农地制度概述

一、农地制度的内涵

农地制度是我国土地制度的重要组成部分。关于土地制度，有人认为它是土地所有制，指人们在一定社会制度下占有土地的形式，包括土地的所有、占有、支配和使用诸方面的关系；有人认为它实质是土地经济制度，是土地资源经济制度、土地财产经济制度和土地资产经济制度的统称，其中土地财产经济制度所涉及的是关于土地所有、使用和国家管理方面的制度；还有人认为，土地制度是一种社会经济制度，它包含土地所有制、土地使用制度、土地流转制度和土地管理制度及其他构成要素。

我们认为：农地制度是在一定阶段的社会经济条件下，所有围绕农地的所有、使用以及管理的一切制度以及产生的社会关系的综合。具体讲，农地制度的科学内涵是：在农村经济运行过程中，土地这一基本生产要素与其他农业资源（包括资本、劳动力、生产资料、技术信息、组织管理等）有效配置与优化组合而形成的有机系统，以及保障这一系统正常运转所必需的相关法律规范与制度体系，涵盖农村土地产权制度、农村土地经营制度、农村土地流转与配置制度、农村土地收益制度等。本书选取狭义的农地关系（农地产权制、使用制、管理制）作为研究对象。

纵观农村发展历史，我们不难发现，农地制度随着人地关系的改变和社会生产力发展水平处于一种动态变化的过程之中，只有科学合理、规模适中、适时创新、效率优化的农地制度才是符合阶段性社会发展的，才能够促进我国农村经济稳定和谐发展。

二、农地制度的功能

农地制度作为我国农村社会的基本经济制度，在社会发展过程中发挥着重要的作用。通过对农地制度研究文献的梳理分析，本书认为农地制度有以下几项基本功能：

（一）有效的资源配置功能

人们对农地制度进行研究根源于我国土地资源的稀缺，农地制度的根本目的就是为了实现农地资源的有效配置和合理利用。农地制度通过对产权的归属进行界定，完成了对农地资源的最初配置；农地产权在生产过程中实现自由流转，促进农地资源实现更高价值的利用。换言之，农地制度决定着土地这一社会生产要素的配置方式，影响其利用效率，一定程度上决定着我国农业社会的发展和农民生活水平的改善，适应市场经济发展规律的农地制度可以有效地实现农地资源的高效配置。

（二）权益保障功能

农地是农民基本的生存生活保障，由于社会的发展和诸多不确定因素的存在，人们在生产发展过程中必然要承受各种可能的风险，农地制度的存在就可以将这些不确定因素可能带来的风险降到最低限度。例如近年来各地农用耕地被占用的情况明显增多，严重影响了失地农民的生活，如果农地制度的规定合理，就可以为农民争取到相当一部分的赔偿，这在一定程度上可以保障农民的合法权益。

（三）对劳动主体的激励功能

经济的增长不仅取决于投资和技术革新，而且依赖于经济活动的体制环境。体制结构的变化，改变着投资的激励机制，这种变化直接关系到投资是否有正的回报，而这种正的回报正是增长的源泉。这是制度对于经济增长产生激励效应的精辟概括。广而言之，农地制度对于从事农业生产的劳动者产生的激励效应亦是一致。例如，自从改革开放之后，我国全面实行家庭联产承包责任制，由于极好地调节了农民与土地之间的经济利益关系，对于我国农业、农村、农民都产生了积极有效的效果，农民生活因此得到改善。反之，历史上不合理的农地制度安排都是削弱了农民生产的积极性，阻碍社会发展脚步的。

（四）约束功能

农地制度的存在是一种规范，其本身就对农业劳动者的行为产生约束和限制，使得他们只能在自己的使用范围之内对土地进行规划、用途管制、征用管理等等，这样可以保障农业生产在一个健康的环境之中得到发展，不仅可以促进农业生产的发展，推动农村经济社会的发展，还可以解决我国农地资源紧缺的人地矛盾状况，形成对农地利用的长效机制。

三、农地制度与农民收入的相关性分析

在中国这样一个农业人口占据多数的国家，治理的重要问题是关于农民的问题，农民的相当一部分收入来自农业，因此解决农民问题的根本则是解决其生存的根本——土地问题。中国几千年来的发展表明，中国发展的历史实质是围绕农地开展的一系列变

革运动。经济学家历来将土地看作是社会财富之母，农地制度则是决定农民增收的关键性因素。那么，农地制度是以何种形式来实现对农民收入的促进作用的呢？作为农村基本的经济制度，农地制度决定了农地的所有权、使用权和收益权，通过直接或者间接的关联农民的农地权益来影响农民的收入结构。当土地承包权归农民所有时，农民可以根据市场自由决定种植哪一种作物、如何经营，规划好农业长期投资，农民的生产积极性被极大地调动起来，劳动生产效率会大大提高，农业经济能够得到很快的发展，农民也因此能够得到收入增加的利益。农地制度规定的土地流转能够实现土地资源的市场化，更好地实现社会资源的优化配置，农地流转的过程中农民会获取一定的收入。最后，农地制度中关于农地被征占的情况的规定，一定程度上保障了失地农民获取相应的补偿。与此同时，农地被征占也促使更多的农民进入城镇工作，农村劳动力实现了转移，一方面可以促进我国社会城市化的进程，另一方面影响农民的收入结构，促进农民收入的增加。可以说，合理的农地制度能够有效地维护农民的合法权益，促进农民收入增加，更好地改善农民的生活水平，反之农民的生活保障权益则容易受到侵害。

农地制度就是党和国家为了实现特定时期内对农民土地的管理和利用的目标，围绕一定的社会经济利益所开展的一系列调整农民与土地之间关系的方针和准则，它是农村社会基本的经济制度，在运行过程中通过自身所具备的资源配置、导向、调控等作用对农地社会的经济利益关系进行调节，例如开展承包经营调整农民耕种土地的数量、耕地经营时间和经营方式、惠农政策、占地赔偿等，在各个方面综合影响着农民的收入。可以说，农地政策对农民增收具有不可忽视的重要影响力。本书主要以改革开放之后我国实行的家庭联产承包责任制为例进行说明。

第二节　现行农地制度的增收缺陷

我国当前实行的家庭联产承包责任制很好地解放了农村的生产力，提高了农民的劳动生产效率，在很大程度上提高了农民收入，改善了农民的生活水平，具有相当大的进步性。随着我国改革开放的不断深入和社会主义市场经济体制的逐步确立，农村社会生产力和生产技术都得到了提高，农村家庭承包经营责任制对于农业经济的发展和农村社会生活的带动作用逐渐放缓，其自身的缺陷和矛盾逐渐显现出来，这些问题集中体现在以下几个方面：

一、土地所有权边界不明确

农地产权界定就是国家对农地制度中有关产权方面的问题进行解释，将农地作为一种固定的物质资产，分析其所有权、使用权、收益权等属性以及相互之间利益关系分配。在我国，《中华人民共和国宪法》《中华人民共和国民法通则》《中华人民共和国农业法》《中华人民共和国土地管理法》等法律对于土地的归属做出了明确界定："集体所有"，但是农地产权具体归属于哪一级的集体，现行的法律规定存在很多互相矛盾的地方。例如《中华人民共和国土地管理法》第八条规定："集体所有的土地依照法律属于村农民集体所有，由村农业生产合作社等农业集体经济组织或者村民委员会经营管理。已经属于乡（镇）农民所有的，可以属于乡（镇）农民集体所有。""村农民集体所有的土地已经分别属于村内两个以上农业集体经济组织所有的，可以属于各该农业集体经济组织的农民集体所有。"因而《中华人民共和国土地管理法》中将集体界定为乡（镇）、村两级，并在规定中出现了"农民集体"和"农业集体经济组织"两个概念。这样的模糊不清很容易导致农地产权主体的位置处于悬置，在实际的农村生活当中，本属集体所有的农地产权往往集中在少数村干部手中，处于弱势群体的个体农民因为没有农地的产权而不敢对农地实行长期大规模的投资经营，农地的用途不能由农民自行根据市场发展来决定，必须要受到国家和政府的制约。与此同时，国家相关法律虽然规定了土地承包的期限，但农地的调整频率是相当高的，农民不可能获得长时期的土地承包经营权，农地使用预期大大缩短，农地经营的短期化使得农民自然而然减少了对农地的投资，这就很容易影响农地的肥力积累，也间接地降低了农地的产出效率。此外，农地的肥力和远近多少存在差异，现行农地制度在集体所有的基础上对农地进行平均分配，直接造成农地的细碎化经营，从而影响现代先进农业科技的采用，农地生产效率极大地降低了，农民农业收入直接受到损失。再者，在相当长一段时期内，农民需要向集体交纳一定的税务，而缴费标准并不固定，它是按照集体的实际支出情况来随机制定的，因而集体在实际上剥夺了农民很大的一部分农地收益权。总之，农村集体土地所有权权属模糊、产权残缺这一问题严重制约着我国农村经济的发展和社会的前进。

二、农民家庭对土地的应有权益得不到保障

民以食为天，土地更是农民的财富之源。自20世纪80年代初在农村实行家庭联产承包责任制以来，广大农户通过土地承包合同获取相应的土地使用和收益权，增加了农民收入，也一定程度上改善了农民的生活。但是近年来，伴随农业产业化、现代化、城镇化、工业化的不断发展，农民土地的使用和收益方面出现了很多亟待解决的现实利益问题，农民家庭对土地的应有权益得不到保障，这些不仅影响农民生活状况的改善，同时

对于农村和谐社会的建设也有很大的影响。

近年来农民家庭对于土地的收益权得不到保障，这一现象突出表现在以下几个方面。

（一）农民的土地资产收益权得不到完全保障

就土地的资产属性而言，农民的土地资产收益权得不到完全的保障。随着社会的发展，城镇化建设的加速，农地不断被征用，而《中华人民共和国土地管理法》中并没有明确规定被征占土地农民的具体补偿，加之农民对于土地使用没有足够的参与权和监督权，因此造成农民对于土地的应有权益得不到保障。

（二）农民对于自己承包土地的生产经营自主权得不到保障

随着时代进步和经济发展，在国家逐渐向工业化和城市化迈进的过程中，农地被征用是不可避免的。然而在我国，农地的征用制度存在很多缺陷，不够完备，不符合市场经济运行的规律和农村社会经济的发展现实。例如，国家对农地征用范围过于宽泛，社会公共利益的界定范围不甚明确，这就使得政府征地行为的自由度比较大，社会滥用土地的现象比较严重，使得原本是为公众谋利益的征地行为异化为政府剥夺农民切身利益的行为。

（三）征地补偿标准不清晰

我国现行农地制度下对农民土地的征占虽然不是无偿，但是政府规定对于失地农民的补偿标准过于笼统，赔付标准低、内容设置少，安置还难以实现。有学者研究现行《土地法》中征地补偿的相关规定后发现，现行征地制度确定补偿与安置的费用是基于被征地的原用途和征地前3年的平均年产值计算的，与被征地的区位、综合环境等因素没有任何联系，不能准确反映农村土地转为非农用地的预期收益；而且相对土地的增值潜力，土地补偿费远远低于土地出让价格（一般只占土地出让价格的10%-20%），致使补偿费用与实际市场价格相差甚远，失地农民获得的补偿偏低，享受不到城市化带来的利益。除了赔偿标准低之外，在土地产权集体所有、农民产权不清晰的前提下，征地补偿的费用很大一部分落在政府和相关机构手中，除去集体所得，最后落到农民手中的部分少之又少。简言之，现代社会进步带来的农地增值并没有给农民带来实际的好处，相反失地农民在就业及生活保障方面遭遇重重困境。农民赖以生存的土地被征占之后，为了生计不得不进城务工。然而由于农民的教育水平、利益意识和市场意识等一系列因素使得他们在城市就业市场上毫无竞争力，而且得不到应有的社会保障，有的农民甚至连最基本的生活都难以保证。总之征地后农民生活水平急速下降，很容易出现各种社会问题，制约着我国和谐社会的构建。最后，虽然国家出台更多的惠农措施，但是客观方面却造就了农民从事农业生产的边缘化特征，这些对于农村土地的规模化生产经营产生消极的影响，直接降低了农民的土地收益。

农民权益得不到保障主要是由于农地流转所产生的。所谓农地流转，就是在家庭联产承包责任制下农地所有权与使用权分离之后，保持农地所有权集体所有，承包经营的农户可在平等协商、自愿有偿的基础上，通过转租、股份合作、互换等形式实现农地经营权在不同社会主体之间的流动，实现农地资源在社会的更高效的配置。温家宝同志曾经指出：在我国，农地是一种重要的社会生产要素，必然会存在社会流转现象，只有保障农地的合理流动，才能够将这一生产要素的性质体现出来，才能够产生更高的使用效益。我国实行家庭承包经营责任制的农地制度本身就是对我国原有计划经济体制的一种冲击，它推动我国农业向市场经济的方向迈进。改革开放后我国确立社会主义市场经济体系，社会就业结构和农村产业结构发生了翻天覆地的变化，土地作为一种重要的社会稀缺资产，同时也是不可再生的，这就为农地资源配置进入市场化程序奠定了重要的基础。1984年中央一号文件《中共中央关于一九八四年农村工作的通知》中首次明确提出农地可以实现多种形式的流转，之后又通过1995年《关于稳定和完善土地承包关系的意见》、2001年《中共中央关于做好农户承包地使用权流转工作的通知》、2003年《中华人民共和国农村土地承包法》、2008年《中共中央关于推进农村改革发展若干重大问题的决定》等文件进一步保障国家农地的流转。但是实际调查数据显示，2008年全国实现流转的农地占全国承包经营农地面积的8.9%，2010年占到14.7%，2012年比率才勉强达到20%，可以说在我国很多地区农地实现流转的比率还是相当低的。农地流转从最初出现就存在很多弊端，例如在农地流转的对象上要突出内部成员优先，对外来成员的流转要设一定的门槛，种种限制规定导致了农地流转的范围小、成交量小，制约了农地的流转；在农地流转的程序上规定农地流转必须经农村集体经济组织的同意，给农地进入流转市场横设了一道栏杆。经过很长一段时间的发展，截至目前，我国农地流转的市场机制并不健全，国家（集体）几乎垄断了农地的流转市场，农民在交易过程中权益得不到保障，因此宁愿不受益也不愿意失地；农户之间的农地流转虽然相对公平，但是交易的中介机构发育不完善导致农地流转信息渠道严重不顺畅。在实际农地流转的过程中，流转程序并没有明文规定，权利义务得不到保障，农民权益得不到保障，存在的隐患和土地纠纷还是相当多的。总而言之，当前农地制度下我国农地不能够很好地实现流转，造成市场化程度比较低，不能够实现农地资源的合理配置，更不能很好地提高我国广大农民的收入和促进我国农村经济的发展。

三、农地细碎化导致的不公平与效率低下

自从实行家庭联产承包责任制以来，农地在“均田制”的基础上按照人口多少来划分，同时为公平起见，兼顾农地远近与肥力的关系，农民分配土地时实行好坏搭配的方式，这样就造成了农地的细碎化、分散性经营。尤其近年来农村人口不断增加，耕地被不断细化，更是形成了小型土地经营模式，这种农业经营模式使得农业生产过程中现代

化技术难以施展身手，农业机械化程度很低，不能够形成规模经营，更不利于我国传统农业向现代农业的转变。这种以家庭为基本生产单位的农地制度将农民束缚在被分割成小块的土地上，不仅不能按照农民个人意愿进行农业生产，而且生产过程中不能很好地使用先进的农业技术，条条块块的土地分配使得农地不能集中起来使用机械化耕作，必须使用农民劳动力，一定程度上造成劳动力资源的浪费，严重限制了农业劳动生产率的提高。

与此同时，土地这一不可再生资源的肥力在逐日递减，我国人口总数却以高速度在逐年增长，直接导致人均耕地的减少，这在一定程度上加剧了我国城乡二元经济结构现象的长期存在，严重阻碍了我国的现代化进程。还有不容忽视的一方面，在家庭联产承包责任制为主的农地制度下，单一分散的农户不能很好地运用价格、成本与利润的比较去规避或减少市场风险，且从市场获得信息的能力有限，对市场的参与程度较低，容易造成决策的盲目性、产品的单一化、市场行为的趋同性，加上农业生产收成的不确定性及市场的多变，导致农业生产经营始终处于一种不稳定的“振荡”状态，另外，单一分散的农户没有足够的能力抵御自然灾害、技术创新等有关风险。所有这些都使得我国的农业难以像其他产业那样能够获得规模经济效益，这大大降低了我国农产品在国际市场上的竞争力。因此，农地家庭承包、分散经营导致土地的规模经营难以实现，严重制约着我国农民的收入，使得农村经济不能很顺利地实现转型发展。

第三节　基于农民增收的农地制度创新建议

最初在安徽省实行的将农地承包到户的土地制度，经实践后很好地促进了农村经济的发展，之后在全国范围内推广，并形成一项国家制度。它顺利地将我国大部分农民从高度集中的集体农业生产经营关系中解放出来，给予他们更多的农业生产自主权，在一定程度上促进了我国农业生产的迅速发展，实现了农民收入的大幅增长和社会生活水平的急速提高。随着改革开放的范围和广度的扩大，我国市场经济也获得深入发展，社会经济结构和现代化程度都发生了相当大的变化，我国的农地制度面临着前所未有的机遇和挑战。因此，对于我国新常态下的农地制度进行创新研究是必然的。

一、改革农村土地产权制度，延长土地承包期

以往的农地制度对于土地产权管理不完善，造成农民合法权益得不到保障，因此产生了诸多社会问题，新时期对农地制度进行创新的关键就是要对土地产权制度进行改

革。家庭联产承包虽然是在土地集体所有的前提下进行的，但根据目前我国农村的发展局势，土地所有权的主体实际并不明确，土地管理费用相对较高，因此出现很多的土地荒废、拾荒、掠夺式土地经营等现象，那么明确土地归属显得尤为重要。在进行农地产权制度创新时，首先，必须正确梳理土地产权与管理权之间的关系，一切土地产权的流通均应在法律规定和允许的范围内运行，同时须服从土地管理部门的管理，土地管理部门享有管理权；其次，要理顺土地产权内部之间的权利关系，即所有权、使用权、收益权、处置权以及租赁权、抵押权等之间的权利与义务。对此，须遵循以下原则：一是要保证土地所有权在经济上能得以充分体现；二是要维护土地使用者的合法权益；三是要服从国家或集体全局利益；四是国家和集体土地所有者应保持终结处置权。

在明确土地产权与管理权之间关系的基础上，还必须充分尊重土地产权主体的权利与义务，只有这样才能更好地实现农地资源在社会发展过程中的重要作用。在具体的实施过程中，重点要对农地的所有权、使用权和处置权进行管理规定。农地制度创新需要在集体所有的基础上进行，即不论土地采取何种经营承包方式，任何组织和个人都不得私自更改其最终所有权归集体所有的性质。

作为集体所有制度下的一种产权形式，农地作为一种重要的社会生产资源，承包土地使用权限应该被固定下来，可以在原有30~50年的基础之上延长承包期限，当承包合同确立之后便具有法律效力，任何人不得私自更改。土地承包期限延长之后，人们就可以放心地对土地进行规划和长期投资，而不必担心土地承包期限到期后被收回。另一方面，延长土地承包期，由农民全权经营，一定程度上减少了政府对土地的必要投资，不仅减少了政府对土地管理的负担，减轻了财政负担，而且农民可以是自己进行农业耕作，也可以通过合同的形式实行土地转租，通过土地流转来获取收益。最后，要对土地进行严格的管理登记制度。土地登记就是对土地的位置、质量、归属、使用情况等进行备案记录，可以为土地管理者提供重要的依据，可以为税务管理、粮食管理等提供相关信息，是国家更好地明确土地产权和利用土地获益的重要基础，为农地实现更好的市场化管理运行提供重要依据。

二、培育农村土地高效流转的市场运行机制

土地流转就是在尊重农民意愿的基础上对其从集体处承包来的土地实行市场化的管理，包括转包、出租、股份合作、转租等多种经营形式，实质是将农地资源作为一种特殊的商品，在不同经营者之间进行流转，完成对农地经营权的处置，这样做具有非常重要的意义。首先，将农地作为商品按照市场化的规则进行重新配置，能够满足不同经营者的需求，可以加快土地经营的集约化、现代化，有利于现代农业的发展。其次，允许农地在市场上流转，劳动者可以根据个人对农地资源的需求对土地进行承包或者转租，

这样农村多余的劳动力就可以被解放出来，转而向第二、第三产业转移，可促进社会整体的现代化程度。最后，农地在市场上实现流转之后，可以促进农产品的商品化，促进社会专业分工，提高社会生产效率，进而改善人民的生活水平。那么，究竟如何来培育高效的农地流转市场，本书认为应该从以下三方面入手。

（一）完善相关法律法规，使得农地流转能够有法可依

目前我国《民法》《土地管理法》《农业法》以及地方有关土地的法律当中关于土地流转的相关规定还不是很健全，相关部门应该综合考虑相关法律之间的协调统一性，在充分维护农民土地所有权的基础之上明确界定农民对土地的权利和义务。法律规定还要制定土地价值的衡量标准和市场流转的交易手续，明确市场流转的相关原则规定。

（二）保证流转交易工作的规范进行

农地流转在有法可依的基础上，必须设立实现流转交易手续的中介机构和组织，保证流转交易工作的规范进行。土地经营权、使用权的交易是一项复杂的工作，那么中介组织的工作目标和内容如何界定呢？农村土地流转事关不同主体间的行为变化，需要健全土地流转的登记备案制度、合同管理制度、纠纷调解制度、土地流转风险评估和控制制度，进行农地产权交易市场的试点工作，逐步建立区域性和全国性的农地产权交易市场，建立健全农地交易市场，做好土地信息及发布管理工作。

（三）建立配套的农地流转的市场准则

除了组织保障和法律法规后援之外，还必须有配套的农地流转的市场准则。这些准则的建立一方面为了保障农民在一定的指导下进行农地流转，而非单纯依靠市场机制来盲目实现土地资源的流转；另一方面，这些准则的存在可以规范农地流转过程中关于农地价值的评定标准，充分考虑区域位置、基础设施、城乡差别等多种影响地价的因素，遵循市场价值规律，由专门的机构合理评估土地价格。

三、规范并完善农地征用制度，保障农民的土地权益

农地征用是在经济发展和现代化建设过程中产生的问题，实际过程中涉及国家建设和农民土地权益两方面的利益，如果不能够适应社会发展的形势，将会导致很多社会问题的产生。要解决这些社会问题，必须对于问题的根本——农地制度进行创新。首先，兼顾国家发展和农民利益，转变农地征占的使用理念，建立与市场发展相适应的农地征用制度，国家不能继续以牺牲农民利益为代价来进行现代化建设，这样只会使得城乡收入差距进一步拉大，进一步激化社会矛盾。国家必须注重保护农民的合法财产权，考虑农民的意愿，以便减少失地农民的对抗，不仅可以更好地解决城市用地的问题，同时为农地进入市场实现了更好的配置，农民收入也可以获得增长。其次，必须完善我国农地征用的相关规定，包括征地的范围和相关程序等等。明确征地范围，严格区分公益

性用地和经营性用地，明确界定政府土地征用权和征用范围，严格控制征地规模。对于公益性用地实行征地价格听证会制度，完善征用办法、补偿标准和补偿机制。经营性用地要退出政府征用范围，按照规则运作，推行土地使用权招标、拍卖、挂牌出让制度。实施过程中要规范法律监督管理程序，既要保证农民公共利益，广泛征求农民关于征地面积、位置以及补偿的意见，设立专门的土地征用委员会合议收集到的公共意见，又要提高政府对于占用农地的补偿标准，努力探寻对失地农民补偿金的发放渠道，切实保证失地农民能够得到应有的、合理的补偿保障，同相关部门协商解决被征地农民的就业问题，努力做到不影响农民的生活利益。

四、推行土地股份合作制，实现农民增收

通过大量的文献资料收集和实地调查分析，本书认为我国现行的农地制度虽然很多，但对农民增收效益显著的应为股份合作制。

土地股份合作制实现了农业生产经营的创新，在明确农民承包土地产权关系的前提下，进一步增强了集体经济活力与保护农民的合法权益的实现。农村股份合作制通过对包括集体土地在内的集体资产作股量化，将农民对集体土地的承包经营权利价值化，赋予农民永久性集体资产股权和分红权利，将集体资产所有权、承包经营权、使用权实行三权分立，进一步改革和明晰了农村集体资产的产权，形成多元化的财产主体，以股份的形式把责、权、利联系在一起，通过多种形式抑制原来的弊端，从而增强了集体经济的活力，实现了广大农民对集体经济资产的占有权、经营权、处置权、收益分配权。股份合作组织的管理者与传统的乡村行政机构管理不一致，它一般由股东大会推选或由董事会聘任专门人员进行管理，改变了原来单纯由乡村行政组织对股份合作经济组织的直接干预影响，一定程度上促进了农业发展的“活”。

土地股份合作制一方面增强了集体组织服务的功能，集体经济在农民增收的过程中发挥了重要的作用，同时股份合作制还在一定程度上培育了农民新型合作组织，使得各种农业社会化服务组织发展起来。这是转变农业发展方式的一项重要的基础性工程，也是现阶段完善农村双层经营体制的重点和难点。毋庸置疑，土地股份合作制发展的是现代化的农业，克服了传统家庭经营体制中的重大弊端，促进了规模化经营、标准化生产和机械化生产，相对提高了农业的机械化程度和科技含量，使得现代农业能够更好地打入国内及国际市场，很好地实现农民增收。

第八章　发达国家和地区促进农民增收政策的启示

第一节　发达国家和地区促进农民增收的政策

一、美国

1933年美国《农业调整法》的颁布标志着美国实行农业支持政策的开始。随着美国农业法的多次修订，美国促进农业生产者增收的支持政策也在不断地调整。目前，美国采取的稳定并促进农业生产者增收的政策主要体现在以下几方面。

（一）直接支付和反周期支付

1933年美国《农业调整法》规定，通过实施农产品最低收购价来对农产品实行市场价格支持，以保障农业生产者的利益不受农产品价格的波动而遭受损失。之后，为了履行乌拉圭回合农业协议的承诺，1996年美国的《联邦农业改进和改革法》通过了以历史产量为基础对农业生产者实行直接支付来代替市场价格支持政策，同时采取了灵活的种植计划政策（生产灵活性合同补贴）。经历了7年的过渡，美国政府于2002年颁布了《农业安全和农村投资法》，提出用于农产品生产和价格不挂钩的直接支付政策和反周期支付政策来取代生产灵活性合同补贴。

直接支付政策与农产品的生产和价格不挂钩，是指政府对参与该计划的农业生产者进行直接支付。直接支付额的多少取决于作物的合同面积、单位面积产量以及该种作物的补贴率。具体的计算公式为：直接支付补贴额=作物的合同面积×单位面积产量的83.3%×补贴率。

2008年，美国的新农业法对享受直接支付的作物、合同面积、单位产量以及补贴率都有明确的规定：享受直接支付的作物品种有小麦、大豆、玉米、大麦、高粱、燕麦、陆地棉、大米（长生长周期）、其他油料作物和花生；合同面积为农业生产者与政府签订的可享受直接补贴的面积；单位面积产量是以2009作物年（2008年11月至2009年11

月）的产量为基础；补贴率因作物的不同各有差异。

反周期支付政策是因与农产品市场价格反方向运动而得名的。当农产品的市场价格低于政府确定的目标价格时，政府就会向农业生产者进行反周期支付。当农产品的市场价格等于或高于政府确定的目标价格时，政府就不向农业生产者进行反周期支付。反周期支付额的大小取决于单位产品反周期支付额、支付面积和支付单产。具体的计算公式为：反周期支付补贴=单位产品反周期支付额×支付面积×支付单产。其中，单位产品反周期支付额取决于农产品的有效价格与目标价格的差价；支付面积和支付单产的确定与直接支付政策所规定的相同。

直接支付政策和反周期支付政策从根本上保障了美国从事农业生产的农场主可以获得基本的收益。

（二）农业信贷支持

1916年美国通过了历史上第一个《联邦农业贷款法》，以鼓励农业生产者扩大生产规模。经过近百年的发展，目前美国已经形成了较为完备的农业信贷支持体系，具体包括联邦土地银行、地方联邦土地银行协会、联邦中间信贷银行、生产信贷公司以及合作社银行等，农业生产者的贷款来源不断拓宽。2008年美国农业法还将具有贷款资质的农业生产者的贷款金额由先前所规定的20万美元增加至30万美元。另外，资金匮乏的农业生产者还可以得到优惠的利率政策，且贷款的期限也由15年延长至20年。完善的农业信贷支持政策不但保证了美国农业的可持续发展，同时也保障了美国农业生产者收入的稳定增长。

（三）农业保险与灾害救助补贴

为了降低农业生产者的生产风险，1938年美国政府通过了《联邦农作物保险法》。该法案的实施对象是主产区自愿投保的农业生产者，保险的业务也仅为产量的保险，即只针对因气候原因造成的主要作物减产造成的损失进行理赔。之后，1980年的《联邦农作物保险法》和1994年的《联邦农作物保险改革法》不断扩大了农业保险的范围和种类，不仅仅局限于主产区的主要作物。1996年美国政府推行了农作物收入保险，在产量保险的基础上进一步考虑到价格因素对农业生产者收入的影响。即当农业生产者收获农产品时，倘若农产品的市场价格下降，联邦政府就会针对投保的农业生产者因农产品价格下降而造成的损失进行理赔，理赔金额为投保金额的50%~ 80%。

为了进一步保障农业生产者的收入不受自然灾害的影响，联邦政府还对由于干旱、洪涝及其他自然灾害不能播种或者严重减产的农业生产者给予救助补贴。1977年的《农业法》规定，由于受自然灾害的影响，牲畜和家畜的生产者得不到适当的饲料供给时，联邦政府对其进行补贴。补贴的金额为购买饲料成本的50%。1985年《农业法》规定，联邦政府对遭受干旱、洪涝等自然灾害的农业生产者给予灾害补贴。1994年的《联邦农作物保险改革法》推行了灾害险。该险种的保险费全部由联邦政府来承担，对损失超过平均产量50%的农业生产者进行补贴，补贴的标准为受灾物种当年目标价格的60%。2008年《农业法》将农业灾害补贴的范围进一步扩大，对因自然灾害而遭受损失的农作物、养殖鱼、蜜蜂和畜牧业生产者进行补贴。

农业保险与灾害救助补贴政策的实施一方面提高了农业生产者抗击自然灾害的能力，另一方面也提高了农业生产者抵御市场风险的能力。农业保险与灾害救助补贴政策的实施对稳定农业生产者基本收益发挥了重要的作用。

（四）信息服务

目前，美国农业部通过合同关系与各州的农业部门合作，建立了覆盖农产品产区和销售区的信息网。该信息网提供了有关肉类、谷物、蔬菜等各种农产品的信息。其中，每种农产品的信息包括供应、需求和价格趋势等。目前，美国农业部和有关州设立了100多个信息收集办事处，负责收集、审核和发布全国农产品在直销、拍卖、合同、期货、集散、加工、批发等市场环节的信息，并要求所提供的市场报告具有中立性、即时性和可靠性的特点。

及时有效的农产品供求信息服务一方面对农业生产者的生产给予指导，使农业生产者根据市场需求来从事农业生产，另一方面对稳定农产品市场价格也发挥了重要的作用。这两方面对农业生产者获得稳定的收益均发挥了重要的作用。

二、欧盟

从20世纪60年代开始，欧盟农业的快速发展与其执行的共同农业政策（The Common Agricultural Policy，CAP）是分不开的。共同农业政策不仅促进了欧盟各成员国农业产量的增加和农村经济的可持续发展，而且对促进各成员国农业生产者收入的快速增长发挥了重要的作用。

1962年欧盟制定并实施了共同农业政策，至今经历了多次调整。目前，欧盟共同农业政策涉及农业生产者收入的内容包含以下几方面。

（一）由市场价格支持向收入直接支付转变

20世纪60年代，欧盟共同农业政策主要是通过对农产品价格实施干预来增加农产品产量和提高农业生产者的收益。采取的主要方法是：每年欧盟委员事先确定农产品的干预价格、门槛价格和目标价格。其中，目标价格是农产品的最高限价，它是根据某种农产品在欧盟内部最稀缺的地区或供不应求的地区的市场价格确定的。门槛价格是针对欧盟外的第三国设定的，当第三国农产品的到岸价格低于门槛价格时，欧盟就会按照到岸价格与门槛价格的差价来征税，以保护欧盟成员国的农业生产者免受外部农产品的竞争压力。干预价格是农产品的最低保护价格。当农产品的市场价格低于干预价格时，政府就以干预价格进行收购或将干预价格与市场价格的差额补贴给农民。

欧盟农产品的价格支持政策有效地促进了欧盟农产品产量的大幅度增加，使得欧盟从一个世界最大的农产品进口经济体转变为一个主要的农产品出口经济体。与此同时，欧盟农业生产者的收入也得到了显著提高。之后，为了履行乌拉圭回合协议以及WTO谈判的承诺，同时又为了保障农业生产者收入稳定，2005年欧盟实施了与生产脱钩的单一的收入直接支付政策。该政策分为单一地区支付和单一农场支付两种。前者按照每个农民拥有的土地面积为基础进行直接支付，后者按照2000~2002年对单个农场的平均补偿水平为基础进行直接支付。

欧盟对农业生产者实施的直接支付政策在保证了农业生产者收入稳定的同时，对保障欧盟农业生产的稳定发挥了重要作用。

（二）信贷和税收支持

欧盟主要是通过政策性银行和商业银行给农业生产者提供贷款。欧盟给予农业生产者借贷的利息非常低，农业的贷款利率仅是非农业贷款利率的一半。另外，对于购买农机具和土地的中长期贷款的利率更低。银行因此所造成的利息差额由政府补贴。欧盟共同农业政策（CAP）在农业信贷方面的支持政策对农业生产者扩大再生产、促进农业生产者增收发挥着重要的作用。

（三）农业保险

欧盟对农产品在备耕、种植、管理和销售四个阶段进行保险，以分担农民农业生产所面对的自然风险和市场风险。农业保险的形式分为公有型、公有与私有合作型以及私有型三种。公有型农业保险是指国家按照自然灾害和家禽疫病对农业生产者所造成的损失进行强制性保险。农作物按产值的3%交纳保费，而家畜产品按产值的0.5%交纳保费。公有与私有合作型农业保险由收入保险、农作物灾害基金以及理赔超定额补偿三部分组成。当农业生产者因自然灾害遭受损失时，私人保险公司对农业生产者的损失进行理赔。而农业生产者未被纳入收成保险的损失由农作物灾害基金提供保险援助。在发生较大的保险事故时，私人保险公司可以根据再保险合同向政府申请理赔超定额补偿。私有型农业保险是指农业保险主要由私人保险公司来经营，政府酌情给予财政补贴和政策支持。欧盟完备的农业保险政策不仅对其农业稳定发展发挥了重要的保障作用，同时对稳定农业生产者收入起到了重要的支撑。

三、日本

（一）日本农民的收入概况

第二次世界大战后，随着日本开始现代化进程，农民收入连年大幅增长。1960年，日本农民人均收入是城市居民人均收入的70%，1975年攀升至城市居民收入的103%。此后，农民人均收入一直呈高于城市人均收入的态势，1994年达到城市居民收入的115%。

在农村建设方面，生产和生活的基础设施水平与城市别无二致，甚至略好于城市。日本农民收入的构成如表8-1所示。

表8-1　日本农民收入总量与结构（单位：万日元）

	1960年	1970年	2000年
总收入	40.95	139.32	605.9
农业收入	22.52	50.8	108.4
非农业收入	18.43	88.52	497.5

资料来源：《日本统计年鉴》1965、1980、2004年的农户经济数据。

从1960~2000年，日本农民的收入从40.95万日元（100日元约合5.96元人民币，2014）增长至605.9万日元，增长了14.8倍，40年农民收入年均增长率为7%，长期保持较高的增长水平。其中农业收入增长了3.8倍，非农业收入增长了25.9倍。可见，非农收入的增长是日本农民收入快速提高的主要原因。同时，农民的收入结构发生了根本性的变化。1960年非农收入占总收入的45%，至2000年，非农收入的占比已上升至82.1%，而农业收入的比重从1960年的55%下降到2000年的17.9%。非农收入在农民收入中占主导地位。

可见，日本农民收入80%以上由非农收入构成，大部分来自于第二、第三产业。由日本农民收入的构成可知，单纯靠农业内增收对提高农民收入收效甚微，农业中并不存在“秘密武器”，工夫应该在农外，即工业现代化、农村劳动力向非农部门成功转移是日本农民高收入的根本原因。

（二）日本农民收入快速增长的原因

第二次世界大战后日本工业现代化快速发展，带动农村大量富余劳动力向第二、第三产业转移，农民兼业化现象普遍，收入随之快速提高。此外，日本政府对农业的高补贴支持和农业协同组合（即农协）作用的积极发挥，使农民收入逐渐高于城市，生活质量提高，城乡差距逐渐缩小直至消失，促进了农村社会的安定和经济的平稳增长。

1. 高速发展的工业化为日本农民带来大量非农就业机会，是日本农民收入提高的根本原因

日本在第二次世界大战后开始了工业化进程，农村劳动力完成向非农部门的大规模转移只用了30多年的时间。1946年日本农业就业的劳动力占全社会就业人口的53.3%，1955年为41%，1960、1965、1970、1980和2000年分别为32.6%、24.6%、19.3%、10.9%和5.1%。从1946~1980年仅34年，日本农业劳动力比重从50%下降到10%，所用时间比欧美国家快了50~80年。农村劳动力的快速和大规模转移，使农民的非农收入快速增长。

二元经济理论认为，劳动力从农业部门转移到非农业部门，转移量和工业增长率密切相关，工业对劳动力的吸纳量直接影响劳动力的转移量。第二次世界大战后日本农村

富余劳动力的迅速转移，最根本的原因在于工业地带主导产业所带来的就业机会。第二次世界大战后特别是20世纪50年代中期以来，日本经济快速增长，工业化飞速发展。仅1960~1969年的10年，机械工业增长了5倍，钢铁工业增长了3.2倍。1994年，第二产业产值已占国民生产总值的36.9%，第三产业占比达60%，而第一产业从1955年的16.7%下降到1994年的2.1%。东京、阪神等工业密集地带吸引了大批农村劳动力。在劳动力转移过程中，日本农民兼业化特征明显。1980年，兼业农户达403.8万户，占总农户数87.1%。1995年，兼业农民中的固定工比例由之前的46%上升到77.9%，自营兼业者由32.6%下降到12.9%，临时工由21.3%下降到9.2%。可见，近80%的兼业农民都有固定的非农工作，非农收入来源稳定。大量的非农就业机会，直接提高了农民的收入。

2. “工业下移”的均衡工业化战略促进了农村工业化，为农民就地转移和农村发展创造了机会

20世纪60年代初，日本政府开始推行“国民收入倍增计划”，在农村推进现代化和农政改革，对农业进行彻底改造，着力提高农村居民的收入。1961年制定《农业基本法》，大力倡导发展农村工业。为鼓励工业向农村地区发展，1971年日本颁布了《向农村地区引入工业促进法》，随后又颁布《新事业创新促进法》《地区中心小城镇建设及产业设施重新布局进法》等，对农村工业企业实施税收减免、提供低息贷款等金融优惠、实施信用保证、整备基础设施等一系列优惠措施，吸引“工业下移”。农村地区迅速兴起了大批的中小企业。1958~1962年，在转出的农村劳动力当中，离开本村到城市就业的约占40%，在本地就业的约占40%，两者比重相当。10年后，即1973~1975年，在本地就业的农村劳动力比重上升至70.8%，远远高于去外地就业的劳动力占比29.2%，其工业在农村的兴起使农村非农产业的就业岗位迅速增长，也解决了工业过密和过疏的不均衡问题。大量的农村富余劳动力就地转移，避免了大量人口向大城市集中，造成大城市过度膨胀和超负荷运转。就地兼业既增加了农民收入，也减少了举家离农式的农业人口外迁，客观上减少了农民的迁移成本，促进了农村区域的发展。

3. 日本政府非常重视农村教育，高素质的劳动力为非农转移和城市化创造了有利条件

劳动力的教育水平是影响其流动的重要因素。日本之所以能在其经济高速增长时期基本完成农村富余劳动力的转移，可以说与其高度重视农村劳动力的教育是分不开的。第二次世界大战前，日本已经普及了6年义务教育。第二次世界大战后颁布了《基本教育法和学校教育法》，把义务教育的年限延长至9年。随后政府不断加大教育投入，1965~1973年，公共教育投资年均增长率达到17.6%，超过了同期的经济增长速度。20世纪50年代初，因为义务教育的普及，大部分农村劳动力具有初中以上文化水平。1955年日本高中升学率达到50%，1970年上升至82%，至1990年，高中升学率将近100%。随着高中教育在日本的普及，劳动者的素质大幅提高。不仅如此，在20世纪80年代日本

农村适龄学生的40%能够进入大学继续深造。由于城乡教育投入的相对均衡，农村劳动力的教育水平和城市劳动力相差不大，使日本的农村劳动力得以顺利地转移至现代化工业企业。根据《2012年全国农民工监测调查报告》，我国农民工具有初中文化程度的占60.5%，高中文化程度的仅占13.3%。可见中国农民的受教育水平和日本相比有较大差距。

在重视基础教育的同时，日本政府也十分重视职业培训，不仅在各地建立职业培训机构，而且鼓励企业及社会团体对农村劳动力进行岗前培训，帮助劳动力提高专业技术水平和职业能力。国家的职业培训制度为广大青年获得技能和适应工业化发展提供了制度保障。大批农村青壮年劳动力转移至城市，不易获得就业机会的高龄劳动力滞留在农村，在农业中所占比重越来越大。2008年在日本65岁以上的农业劳动者占全部农业劳动者的59%，2013年日本农林水产省白皮书报告称74%的水稻种植者超过65岁。此外，20世纪60~70年代，更易在城市获得就业机会的男性大量流向非农部门，农业中的女性劳动力所占比重逐渐超过男性，妇女和老人成为农业的主要劳动力，即出现了“妇老农业”现象。由于日本长期重视农村教育，老年劳动力和妇女劳动力的受教育水平较高，对农业新技术的采用和现代农业新模式的应用有较强的适应能力。因此，日本在农村劳动力大量向外转移的同时，农业的现代化发展不仅没有受到影响，而且1955~1970年农业生产综合指数增长了39%，创下历史纪录。可见，日本农村教育的高度普及不仅促使农村劳动力顺利向第二、第三产业转移，而且为农业现代化创造了有利条件。

4. 日本政府对农业的各种扶持和保护措施，是保障农民收入稳定增长的重要原因

1960年日本政府颁布的《农业基本法》，标志着工业反哺农业的开始。之后又颁布《农业现代化奖金筹措法》，并实施农产品价格保证制度、“预购制”等，有效地保障了农民的收入，提高了农业劳动生产率。一是价格支持。日本对农产品实施各种价格保护，如对主粮大米实行成本与收入补偿，对马铃薯、甘薯、甜菜等保证最低价格，稳定牛肉、猪肉价格，对牛奶、大豆、油菜籽实行目标价格差额补贴等。价格支持政策使生产成本得到充分补偿，一定程度上平衡了农业和工业比较利益的差距。二是限制进口。日本政府充分利用贸易规则，对境外农产品实行进口限制、征收高额关税等贸易保护措施，以此保护国内农产品的销售，并维持国内农产品的高价格，避免进口对农民的冲击，保障农民收入稳定增长。三是高补贴。根据经济合作与发展组织的调查数据，2000年日本农业补贴占GDP的比重高达1.4%，而农业的总产值仅占GDP的1.1%，农业补贴额甚至超过农业总产值。日本的农业补贴包括农业基础设施、农业机械、农业保险等，尤其重视农田水利设施建设和现代化设备购置，实施政府承担绝大部分、农户承担小部分的财政政策。

5. 日本农协发挥为农民全面服务的作用，为提高农民收入提供了组织化保障

日本农协是世界范围内公认的最为成功的农业合作组织。1947年，日本政府制定了《农业协同组合法》。至1960年，已基本形成遍布全国市町村的庞大的农协体系。农

协代表农民的利益，指导农业生产，并为农民的经济生活服务。在日本政府的大力支持下，农协的合作事业得到了快速发展。其上有全国的农协联合会，下有综合农协和专业农协，目前超过90%的农户加入了农协。农协不仅在生产领域为农户统一采购生产资料、提供农业技术指导，而且在流通领域为农产品的销售提供渠道，在生活领域为农户统一采购生活资料，并提供养老、保险、金融等综合服务，可谓无所不包。日本农协在分散的小农户和大市场之间架起了桥梁，以强大的组织功能保障了市场价格的谈判能力，并减少了流通成本，在农业生产和流通方面发挥了保障农民利益的强大作用，切实提高了农业劳动生产率，增加了农民的收入。另外，农协对农民提供金融、保险、养老等"一条龙"的综合服务，并贯彻国家在农村的各项利民、惠民政策，极大地便利了农民的生活，维护了农民的利益。日本农协不以赢利为目的，发挥全面为农民服务的职能，为农民增收提供了强大的组织保障。

第二节 国外促进农民增收政策对我国的启示

从以上对美国、欧盟和日本主要的促进农民增收政策的分析中，我们可以得到如下启示。

一、通过预算增加国家对农业的投入

世界经济合作与发展组织（OECD）的统计数据显示，美国、欧盟和日本农业生产者收入中相当部分来自来政府支持政策。其中，日本农民收入中来自政府支持的部分较大。1993~2009年，日本平均的PES%水平高达55.68%；欧盟和美国农业生产者收入中来自政府支持的部分相对来讲少一些。1993~2009年，欧盟平均PES%水平为32.64%，美国为15.74%。而据OECD的统计数据显示，我国农民农业收入中来自政府支持的部分较少。1993~2007年，我国的平均PES%水平仅为3.46%。其中，1993年和1999年两年为负值，分别为－13.5%和－2.45%。面对当前我国财政能力不断增强的时机，我国应借鉴发达国家的经验，增加对农业的投入，促进我国农民收入的增长。

二、重视农业立法在支持农民收入增长中的作用

大多数国家和地区以法律的形式出台了农民收入的支持政策，使得农民收入支持政策的实施得到了法律的保障。其中，美国于1933年颁布《农业调整法》，至今共颁布了13个有关农业的法律。日本于1961年通过《农业基本法》，至今也经历了多次调整。目前美国、日本已经形成了一套完善的农业法律体系。健全的农业立法为美国和日本农业发展提供了强有力的保障，也对促进农民或农场主收入增长发挥了基础性的作用。相对

美国和日本而言，我国的农业政策多以文件的形式出现，缺乏法律基础，从而大大削弱了农业支持政策应有的效能。因此，我国应建立健全用法律形式制定的农业支持政策，充分发挥农业支持政策的效能，为我国农业的发展和农民收入的增长提供强有力的法律保障。

三、在WTO农业规则的约束下，转变农业补贴的方式

实行价格支持来保障农民收入是发达国家和地区通行的做法。如美国的农产品最低收购价、欧盟的干预价格、日本的稻米等农产品价格支持政策。农产品价格支持极大地促进了本国农业产量的增加，而且农民收入也得到了一定的保障。但是价格支持同时也造成了本国农产品的过剩以及政府财政压力的增加，对农产品国际贸易也造成了一定的扭曲。按照WTO农业规则，发达国家和地区逐步削减了农产品的价格支持程度，转向收入直接支付。如美国以市场价格支持为主转变到以直接支付和反周期支付为主的收入直接支付政策；欧盟从农产品的干预价格和目标价格为主的市场价格支持转变为与生产脱钩的单一的收入直接支付政策；日本由稻米价格支持制度转变为对种植水稻农户实行差价补贴政策。我国应借鉴发达国家和地区的经验，逐渐减少对农产品的市场价格支持的程度，增加对农民的收入直接支付。

四、增加对农民信贷的支持力度

目前发达国家和地区已经形成了较为完备的农村信贷支持体系，能够满足农民生产和生活的需要。美国拥有联邦土地银行、地方联邦土地银行协会、联邦中间信贷银行、生产信贷公司以及合作社银行等规模庞大的农业信贷支持体系。欧盟也通过政策性银行和商业银行为农民提供了低息贷款，农民贷款的来源不断拓宽。我国虽然也形成了政策性银行、合作社以及农业银行为主的农村信贷支持体系，但是对于农民信贷的支持仍然不足，且农村资金外流现象严重，农民贷款难度较大，无法满足农民生产和生活的需要。因此，我国应借鉴发达国家的经验，进一步完善农村信贷支持体系，增加对农民信贷支持的力度。

五、建立健全农业保险制度

农业保险是美国、欧盟和日本等发达国家和地区实施农业保护和稳定农民收入的重要手段，它有效地减轻了自然灾害和市场风险对农民造成的损失。发达国家和地区的农业保险制度大多是以公私合作的形式实施的。以欧盟为例，欧盟大多数成员国实施的是公私合作型农业保险。私人保险公司负责农业保险的具体执行，政府一方面为农民未被纳入私人保险的损失提供保险援助，另一方面为私人保险公司提供再保险服务，使得其可以获得一定的保险收益。我国的农业保险制度与发达国家和地区相比还很不完善，在许多地区农业生产还未被纳入到农业保险的范围之内，农民抵御自然灾害和市场风险的能力

较弱。我国可以借鉴发达国家和地区的经验，建立公私合作的农业保险制度，为稳定农民收入提供保障。

六、大力发展农民自己的合作组织

在发达国家和地区，农民自己的合作组织是确保农民收入支持政策有效实施的力量之一，它为稳定和增加农民收入提供了强有力的支持。以日本为例，日本的农协是农民利益的忠实代表。它在农民与政府、农民与科研机构以及农民与企业之间架起了桥梁。农协一方面通过收购农产品、信贷、生产指导等为农民提供支持，另一方面还将经营活动产生的利润以福利以灾害救助的形式返还给农民，强有力地支持了农民收入的增长。我国农民的组织化程度较低，一家一户的小农经济很难提高我国农业的国际竞争力，农民的生活水平也难以得到整体提高。因此，我国应借鉴发达国家和地区的经验，大力发展农民自己的合作组织。一方面可以协助国家完成有关农业的发展计划，另一方面还可以增强农民在市场中的谈判地位，提高农民的话语权，有效地增加农民收入。

七、建立城乡一体化的社会保障体系

城乡一体化的社会保障体系是经济和社会发展到一定阶段的产物，是工业化进入后期工业反哺农业的产物。我国现在已经进入工业反哺农业的时期，从经济和社会条件来看，在我国建立城乡一体化的社会保障体系是可行的。但与此同时我们应注意到，我国整体的经济和社会发展水平与发达国家相比还存在一定的差距，建立与发达国家相同程度的城乡一体化的社会保障体系还有一定的困难。因此，我们可以借鉴发达国家的经验，建立渐进式的城乡一体化的社会保障体系。即在有条件的地方如发达地区先行建立城乡一体化的社会保障体系，欠发达地区可以先行建立标准适当、覆盖面较广的农村养老和医疗保障体系，之后再逐步过渡到城乡一体化的社会保障体系。

综上所述，我国长期经济发展战略的工业化倾向不但没有把对农业和农民的保护提到应有的高度，反而普遍存在着掠夺农业资源和农民利益的现象，致使农业资源大量外流，农民收入增长缓慢，这是不符合经济发展规律的。我们应当借鉴国外发达国家的做法，对农业在价格支持、收入支付、农业信贷、农业保险、农民的组织化程度、社会保障以及农业信息咨询服务等方面进行适度保护。此外，在借鉴发达国家和地区的经验时必须注意到，发达国家的农业人口较少，工业化与城市化水平要远高于我国，其农业支持政策的内容也可谓是包罗万象。而我国的农业人口众多，加之我国刚进入工业化中期阶段，工业化和城市化水平还相对较低，现阶段就期望用相同的补贴政策支持农业的发展和农民收入的增长显然是做不到的。所以，我国要根据自身的国情建立相应的农民收入支持政策，有重点、有选择地逐步加大对农业和农民的补贴力度，进而提高农民的收入。

参考文献

[1] 白骏骄，李芮.互联网创新对宏观经济及金融波动的影响研究[J].科学学研究，2015，33（09）：1414-1423.

[2] 蔡昉，王德文，都阳，等.农村发展与增加农民收入[M].北京：中国劳动社会保障出版社，2006.

[3] 曹露露.城镇化进程中的农民增收研究[D].徐州：江苏师范大学，2014.

[4] 曹雪红.农村人力资源开发视角的农民增收对策研究[D].南京：南京农业大学，2011.

[5] 陈龙，王建冬，窦悦.基于互联网大数据的宏观经济监测预测研究：理论与方法[J].电子政务，2016（01）：18-25.

[6] 陈齐鹤.农民增收影响因素及对策研究[D].杭州：浙江理工大学，2016.

[7] 陈文玲，刘秉镰，刘维林.新经济爆发性增长的内在动因——互联网革命与传统业态变革[J].全球化，2016（07）：5-21.

[8] 陈文玲.互联网与新实体经济[J].中国流通经济，2016（04）：5-10.

[9] 陈艳."一号文件"与农民增收问题研究[D].北京：首都师范大学，2013.

[10] 陈耀敏.发展劳务经济促进农民增收问题研究[J].企业经济，2011（02）：121-123.

[11] 陈禹希.我国互联网经济盈利模式探析[J].现代经济信息，2015（06）：175.

[12] 戴德宝，范体军，刘小涛.互联网技术发展与当前中国经济发展互动效能分析[J].中国软科学，2016（08）：184-192.

[13] 杜婕，霍焰.农村金融发展对农民增收的影响与冲击[J].经济问题，2013（03）：97-102.

[14] 段军利.新时期农民增收问题研究[D].西安：长安大学，2014.

[15] 方松海，王为农.增加农民收入与扩大农村消费[M].北京：经济科学出版社，2012.

[16] 高嘉蔚.农村公共产品供给对农民增收的影响研究[D].湘潭：湖南科技大学，2012.

[17] 郭宏宝.中国财政农业补贴：政策效果与机制设计[M].2版.成都：西南财经大学出版社，2015.

[18] 郭梅枝.促进农民持续增收长效机制探析[J].河南科技学院学报，2011（01）：13-16.

[19] 郝容.互联网技术下的会展经济发展研究[J].中国商贸，2015（01）：140-142.

[20] 何勤，程雅馨，邹建刚.互联网经济下灵活雇佣关系的治理创新[J].中国人力资源开发，2015（24）：91-97.

[21] 何师元."互联网+金融"新业态与实体经济发展的关联度[J].改革，2015（07）：72-81.

[22] 侯明帅，李俊雅.互联网发展对我国区域经济的影响[J].现代经济（现代物业下半月刊），2007（06）：47-48.

[23] 黄世超.城乡发展一体化中的农民增收问题研究[D].上海：华东师范大学，2014.

[24] 黄志军，曹东坡，刘丹鹭.互联网经济、制度与创新价值链——基于人力资本与制度发展指数的测度分析[J].经济理论与经济管理，2015（09）：26-39.

[25] 姜奇平."互联网+"与中国经济的未来形态[J].人民论坛•学术前沿，2015（10）：52-63.

[26] 姜伟，金桦.关于互联网经济发展的若干思考[J].电视技术，2015（13）：93-95.

[27] 金英姬，韩鹏，高宇，等.基于人力资本理论农民增收问题研究[J].经济师，2011（05）：20.

[28] 康欣海.浅析增加农民收入与扩大农村消费[J].民营科技，2009（10）：151.

[29] 李炳，赵阳.互联网金融对宏观经济的影响[J].财经科学，2014（08）：21-28.

[30] 李成钢."互联网+"视角下的电子商务"价值经济"研究[J].中国流通经济，2015（07）：76-81.

[31] 李芳芳.浅析中国互联网经济发展对相关产业的影响[J].新经济，2014（Z1）：9-10.

[32] 李红坤.互联网金融对我国宏观经济的冲击效应及应对策略研究[J].山东财经大学学报，2015（04）：15-23.

[33] 李江为.农民增收因素分析及对策研究[D].太谷：山西农业大学，2013.

[34] 李金换.十六大以来中国共产党促进农民增收政策研究[D].长春：吉林大学，2015.

[35] 李景海，林仲豪."互联网+"、创新驱动发展与广东民营经济转型升级路径研究[J].江淮论坛，2016（02）：50-56.

［36］李麟.“互联网+金融”构建共享经济模式[J].中国银行业，2016（01）：29-32.

［37］李宁，王丽敏.浅析互联网经济时代文化产业大发展[J].现代经济信息，2015（19）：383.

［38］李元.互联网经济发展对相关产业的影响研究论述[J].商场现代化，2015（28）：210-211.

［39］李子联.新型城镇化与农民增收：一个制度分析的视角[J].经济评论，2014（03）：16-25.

［40］梁耀盛.财政农业投入对农业增长与农民增收的影响效应研究[D].上海：复旦大学，2010.

［41］梁志文.“互联网+”经济法治的基本理念与进路[J].江海学刊，2016（03）：141-146.

［42］林娟，汪明峰.我国互联网资源与区域经济发展的关系研究[J].资源开发与市场，2014（03）：321-325.

［43］林娟.互联网对经济收敛性的影响研究[J].经济问题探索，2016（01）：7-13.

［44］刘海峰.农业政策促进农民增收的问题研究[D].大庆：黑龙江八一农垦大学，2014.

［45］刘云华.影响农民增收的三大环境因素分析[J].改革与战略，2011（11）：80-83.

［46］柳芳.农民收入结构变动与农民增收问题研究[D].郑州：河南农业大学，2010.

［47］卢林.互联网、大数据和云技术的发展与美国经济[J].国际关系研究，2014（04）：108-120+156-157.

［48］陆岷峰，杨亮.互联网金融驱动实体经济创新发展的战略研究[J].湖南财政经济学院学报，2015（06）：5-11.

［49］陆岷峰，杨亮.我国互联网金融与实体经济融合关系研究[J].宁夏大学学报（人文社会科学版），2016（02）：140-145.

［50］陆文聪，余新平.中国农业科技进步与农民收入增长[J].浙江大学学报（人文社会科学版），2013（04）：5-16.

［51］陆耀邦，莫明荣，梁自力，等.农民增收问题调研报告[J].中国农业资源与区划，2011（01）：73-78.

［52］吕唯因.农民专业合作社促农增收效果及影响因素研究[D].重庆：西南大学，2016.

［53］马越.互联网经济估值研究[J].科技与企业，2016（01）：19-20.

［54］毛宇慧.我国农业现代化对农民增收的影响研究[D].长沙：湖南大学，2015.

［55］毛圆圆.我国农业产业化发展对农民增收的影响研究[D].湘潭：湖南科技大

学，2012.

［56］孟昭霞.论互联网对区域经济发展的影响[J].科技和产业，2011（11）：155-159.

［57］农业部软科学委员会办公室.农民收入与权益保护[M].北京：中国财政经济出版社，2013.

［58］欧艳辉，谢丹桔.促进农民增收对策研究[J].文学界（理论版），2012（09）：369.

［59］欧阳日辉.从“+互联网”到“互联网+”——技术革命如何孕育新型经济社会形态[J].人民论坛•学术前沿，2015（10）：25-38.

［60］任中玉.贫困地区农民增收的制约因素分析[J].改革与开放，2011（18）：148-149.

［61］桑运昌.农民增收问题研究[D].泰安：山东农业大学，2014.

［62］佘从国，徐赟.核心互联网经济体将成为我国社会经济核心驱动力[J].通信企业管理，2015（12）：20-23.

［63］施莉.产业结构视角下区域互联网经济形态发展研究[J].技术经济与管理研究，2016（11）：115-119.

［64］石群，罗家丽.浅析互联网经济[J].现代商业，2015（18）：57-58.

［65］石泰峰.农民增收与机制创新[J].求是，2013（01）：30-31.

［66］石艳丽.互联网经济背景下的中国物流发展分析[J].财经界（学术版），2015（06）：18.

［67］宋莉莉.我国农民收入增长及区域差异比较研究：以苏、豫、川三省为例[M].北京：经济科学出版社，2015.

［68］苏惠娜.互联网经济模式成型对证券行业的影响因素分析[J].商业经济，2015（01）：81-83.

［69］孙中伟，张兵，王杨，等.互联网资源与我国省域经济发展的关系研究[J].地理与地理信息科学，2010（03）：44-48.

［70］覃胜业.当前农民增收问题研究[D].南宁：广西师范学院，2013.

［71］覃业玲.农业产业化促进农民增收的实证研究[D].长沙：湖南大学，2013.

［72］覃章艳.新时期农民增收问题研究[D].荆州：长江大学，2012.

［73］汤天波，吴晓隽.共享经济：“互联网+”下的颠覆性经济模式[J].科学发展，2015（12）：78-84.

［74］田光宁，王德.互联网经济的金融创新分析[J].宏观经济管理，2014（02）：58-59.

［75］田争运.我国新时期农民增收的制约因素及对策研究[D].杨凌：西北农林科技大学，2012.

［76］佟光霁，张林.农民增收的核心影响因素分析[J].统计与决策，2013（13）：92-95.

［77］汪明峰.技术、产业和地方：互联网的经济地理学[J].人文地理，2005（05）：96-100.

［78］王敏，王琴梅，张家平，等.互联网、经济增长与电力消费关系的实证分析[J].统计与决策，2016（17）：109-111.

［79］王孝东.关于促进农民增收的调研报告[J].北京农业职业学院学报，2011（05）：3-9.

［80］魏众，王震，邓曲恒，等.中国收入分配及其政策思考[M].广州：广东经济出版社，2015.

［81］温涛，田纪华，王小华.农民收入结构对消费结构的总体影响与区域差异研究[J].中国软科学，2013（03）：42-52.

［82］吴海峰.粮食主产区实现农民增收的系统研究[J].中州学刊，2014（10）：47-51.

［83］吴云勇.现阶段农民增收问题研究路径的理论探析[J].党政干部学刊，2012（04）：70-73.

［84］伍骏骞.经济集聚对农民增收与农村减贫的直接影响和空间溢出效应研究[D].杭州：浙江大学，2014.

［85］谢学军.基于农民收入结构视角下的农民增收问题研究[D].哈尔滨：东北林业大学，2010.

［86］谢印成，高杰.互联网发展对中国经济增长影响的实证研究[J].经济问题，2015（07）：58-61+105.

［87］徐文成.农村金融发展对农业经济增长和农民增收影响的实证研究[D].长春：吉林农业大学，2012.

［88］徐元明，刘远.农村财产制度改革与农民增收长效机制的构建[J].江海学刊，2011（06）：100-105.

［89］徐远华.财政农业支出结构对农民增收的影响[D].重庆：西南大学，2014.

［90］杨秋宝.新常态下充分发挥“互联网+”稳定经济增长的作用[J].理论视野，2015（09）：36-38.

［91］杨昭.中国财政支农对农民增收的效应研究[D].沈阳：辽宁大学，2014.

［92］喻平，蒋宝珠.广义虚拟经济视角下的互联网金融发展研究[J].广义虚拟经济研究，2014（01）：60-68.

［93］张彬斌.新时期政策扶贫：目标选择和农民增收[J].经济学（季刊），2013（03）：959-982.

［94］张红艳，范嵩，王希，等.互联网共享经济模式分析[J].现代商业，2016（01）：68-69.

［95］张红宇，张海阳，等，李冠佑.当前农民增收形势分析与对策思路[J].农业经济问题，2013（04）：9-14.

［96］张红宇.新常态下的农民收入问题[J].农业经济问题，2015（05）：4-11.

［97］张石俊.马克思主义劳动价值论视阈下我国农民劳动增收问题研究[D].成都：四川农业大学，2014.

［98］张永林.互联网、信息元与屏幕化市场——现代网络经济理论模型和应用[J].经济研究，2016（09）：147-161.

［99］张越，李琪.互联网对我国各省区经济发展的影响[J].山西财经大学学报，2008（06）：38-44.

［100］张震，颜俊学，龚慧超.增加农民收入的关键因子分析——以科技支撑为视角[J].华中农业大学学报（社会科学版），2015（01）：48-53.

［101］张志扬.农业产业结构调整与农民增收研究[D].荆州：长江大学，2015.

［102］赵德起，姚明明.农民权利配置与收入增长关系研究[J].经济理论与经济管理，2014（11）：82-100.

［103］赵立昌.互联网经济与我国产业转型升级[J].当代经济管理，2015（12）：54-59.

［104］郑飞.农民增收视域中我国农地制度创新研究[D].新乡：河南师范大学，2015.

［105］钟钰，蓝海涛.中高收入阶段农民增收的国际经验及中国农民增收趋势[J].农业经济问题，2012（01）：73-79.

［106］周斌，毛德勇，朱桂宾."互联网+"、普惠金融与经济增长——基于面板数据的PVAR模型实证检验[J].财经理论与实践，2017，38（02）：9-16.

［107］周振，张琛，彭超，等.农业机械化与农民收入：来自农机具购置补贴政策的证据[J].中国农村经济，2016（02）：68-82.

［108］周志太.多维视角下的农民增收问题研究[J].科学社会主义，2013（01）：108-111.

［109］朱富强.深刻理解互联网经济：特征、瓶颈和困境[J].福建论坛（人文社会科学版），2016（05）：22-30.

［110］朱一鸣.城镇化与农民增收的关联性研究[D].沈阳：沈阳师范大学，2014.